SAARBRÜCKEN

Blick vom Schlossplatz zur Ludwigskirche

SAARBRÜCKEN
DIE 99 BESONDEREN SEITEN DER STADT

entdeckt von Rita Dadder und
Florian Russi

mitteldeutscher verlag

Inhaltsverzeichnis

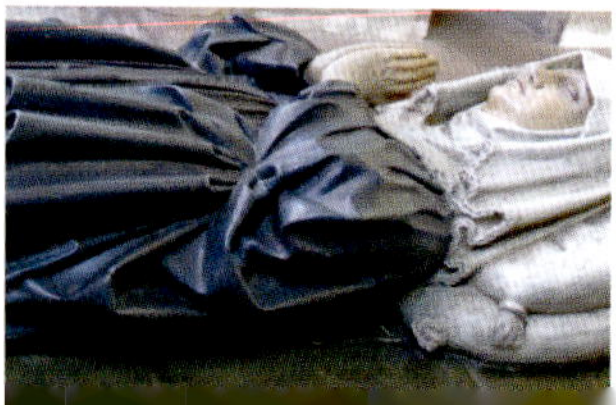

Willkommen in Saarbrücken

Saarbrücken ist die Landeshauptstadt des Saarlandes. Sie ist Regierungssitz und eine moderne Handels-, Industrie- und Universitätsstadt. Unmittelbar an der deutsch-französischen Grenze gelegen, war und ist sie ein Ort bedeutsamer Ereignisse. Hier siedelten Kelten, Römer und Franken, ließ Arnulf von Metz, Stammvater der Karolinger, eine Kirche bauen und ärgerte sich Kaiser Barbarossa so sehr über den dortigen Grafen, dass er die Zerstörung der Stadt anordnete. Goethe war zu Besuch und schrieb darüber in „Dichtung und Wahrheit", ein Vorgänger von ET könnte hier gelebt haben. Von den benachbarten Franzosen wurde die Kunst des „Savoir Vivre" („Zu leben verstehen") abgeschaut, und einer der bedeutendsten Baumeister des Barock, Friedrich Joachim Stengel (1694–1787), wirkte hier bis an sein Lebensende. Auch eine wahre „Aschenputtel"-Geschichte ereignete sich, und der Sohn eines Kaisers hat sich im Kanonenschießen geübt und dabei mitten auf die Stadt gezielt. Im Deutsch-Französischen Krieg 1870/71 tobte unmittelbar vor den Toren der Stadt eine Schlacht. Einer der einflussreichsten Unternehmer des Deutschen Reichs, der von Bismarck „König" und von anderen „Scheich von Saarabien" genannt wurde, hatte seine Residenz in Saarbrücken.
Hier lebt man nach der Devise „Hauptsach gudd gess", was sich in vielen hochklassigen Restaurants und Cafés widerspiegelt sowie in Fleischwerken, deren Produkte europaweit gefragt sind. Saarbrücken ist bis heute Treff- und Ausgangspunkt vieler Persönlichkeiten und Initiativen. Deren Spuren zu folgen, sind Sie liebe Leser, herzlich eingeladen.

Schiffe auf der Saar bei der Berliner Promenade

Nicht irgendein Fluss

1

Die Saar

66111 Saarbrücken

Die Saar ist der Fluss, welcher der Stadt Saarbrücken und dem ganzen Land, dessen Hauptstadt sie ist, ihren Namen gab. „Sar" bedeutet in vorkeltischer Sprache Fließendes Gewässer und „Sarabrigga" Fluss am Felsen. Saarbrücken verdankt also seinen Namen nicht den Brücken, die über die Saar führten, sondern dem Felsmassiv, auf dem die hier residierenden Grafen später ihr Schloss errichteten.

Die Römer nannten den Fluss „Saravus", und in dem Gedicht „Mosella" des römischen Beamten und Dichters Ausonius (310–393 n. Chr.) wird er erstmals als Zufluss zur Mosel erwähnt. Die Saar entspringt an einem Hang des Berges Donon in den Vogesen. Sie durchquert das Elsass und Lothringen, das Saarland und Rheinland-Pfalz, wo sie bei der Stadt Konz, wenige Kilometer vor Trier, in die Mosel mündet. Bis dahin legt sie 235 Kilometer zurück, 68 Kilometer davon durch das Saarland. In Saarbrücken trennt sie die Stadtteile St. Arnual und Alt-Saarbrücken, die am linken Flussufer liegen, sowie St. Johann, Malstatt und Burbach am rechten.

Jahrhundertelang war die Saar der wichtigste Verkehrsweg in Saarbrücken. Von hier aus wurden Holz, Kohle und Eisen über Saar, Mosel und Rhein bis nach Holland und über Saargemünd und den Rhein-Marne-Kanal nach Frankreich verschifft.

Jahrhundertelang war die Saar der wichtigste Verkehrsweg in Saarbrücken.

Auch heute ist die Saar schiffbar. Sie ist eine europäische Wasserstraße der Kategorie V b. Genutzt wird sie von Frachtkähnen und zunehmend von Personenschiffen mit Ausflüglern und Touristen. Saarbrücken ist auch ein beliebter Ausgangspunkt

Die Saar vom Schlossgarten aus gesehen

für Bootswanderfahrten zu den französischen Kanälen und zum Rhein.

Mit dem 1885 gegründeten „Ruderclub Saar", der „Rudergesellschaft Undine" und dem „Saarbrücker Kanu-Club" unterhalten zudem drei aktive und erfolgreiche Kanu- und Rudervereine ihre Bootshäuser an den Saarbrücker Saarufern. Eines davon ist zugleich Olympiastützpunkt.

Da die Montanindustrie im Saarland lange Jahre ihre Abwässer in die Saar ableitete, galt der Fluss in der Vergangenheit als „totes" Gewässer. Durch den Rückgang der Schwerindustrie und viele Umweltmaßnahmen hat sich die Wasserqualität inzwischen erheblich verbessert. An manchen Stellen in Saarbrücken ist das Baden wieder erlaubt. Viele innerstädtische Uferpassagen dienen als Erholungsorte. Parks, Gedenkstätten, Gartenrestaurants, Kinderspielplätze und Liegewiesen bieten vielfältige Möglichkeiten der Freizeitgestaltung. Seit 1999 ist der Fluss zwischen Bismarck- und Wilhelm-Heinrich-Brücke auch Austragungsort des „Saar-Spektakels". Jedes Jahr im August finden an drei Tagen spektakuläre Bootsrennen, Tauch- und anderer Wassersport statt. Begleitet wird dies immer beliebtere Fest von schaustellerischen, musikalischen und kulinarischen Darbietungen.

In der Regel mindestens einmal im Jahr tritt die Saar über ihre Ufer und überschwemmt dann auch einen Teil der Autobahn, die aus Kostengründen nur knapp über dem Flusspegel durch die Innenstadt gelegt wurde. Doch die Saarbrücker tragen es mit Humor. Im Faschingslied singen sie: „Wo gäbt's noch e Autobahn, wo ma aach mol schwimme kann?"

Saaridylle mit Blick auf die Bismarckbrücke

bigFM
SAARLAND
bigFM
SAARLAND

„Hauptsach gudd gess"

2

Durch die Nähe zu Frankreich hat sich in Saarbrücken auch die französische Kultur des „Savoir vivre" viele Freunde geschaffen. Im Saarländischen findet dies in dem mundartlichen Spruch „Mir wisse, was gudd iss" seinen Ausdruck. Die saarländische Lebensart lässt sich durch die besondere Geschichte des Landes erklären. Historisch stand es abwechselnd unter deutschem und französischem Einfluss. Seine heutige Identität erlangte das Saarland erst 1947. Im Jahr der Französischen Revolution setzte es sich noch aus 18 verschiedenen Herrschaftsgebieten zusammen. Gemeinsamkeiten wurden geprägt durch den Kohlebergbau und die damit zusammenhängende Montanindustrie, in denen Mitte des vergangenen Jahrhunderts noch jeder vierte saarländische Arbeitnehmer beschäftigt war. Berg- und Hüttenarbeiter waren bei ihrer Arbeit stark aufeinander angewiesen. Gemeinsam waren sie vielen Unfallgefahren ausgesetzt. Der Aufenthalt „unter Tage" wirkte zusätzlich gemeinschaftsbildend. Kameradschaft war existenziell wichtig und wurde gefördert.

Saarbrücker Lebensart findet ihren Ausdruck in dem mundartlichen Spruch „Mir wisse, was gudd is".

Zum Ausgleich für die anstrengende Arbeit wurde nach der Schicht gefeiert, gesungen und Sport getrieben. In keinem deutschen Bundesland gibt es, auf die Einwohner bezogen, so viele Vereine. Kommunikation und Nachbarschaftspflege sind verbreitetes Verhalten und Talent. In dem kleinen Land, das nie reich oder mächtig war, ist es bis heute wichtig, „einen zu kennen, der einen kennt". Gegenseitige Hilfe gilt als hohe Tugend, und Harmonie ist ein vorherrschendes Bedürfnis.

Traditionell ist Saarbrücken protestantisch bestimmt. Die dort herrschenden Grafen waren Lutheraner bzw. Calvinisten. Durch den Bergbau zogen aus dem Umland viele Katholiken in die Stadt. Man arrangierte sich und fand zu erstaunlicher Toleranz. Das Leben war wichtiger als die verschiedenen Überzeugungen. Wegen der wechselvollen Geschichte ihrer Stadt sind die Saarbrücker sehr am politischen Geschehen interessiert, und die Industriegeschichte des Landes hat bewirkt, dass viele Arbeitnehmer gewerkschaftlich engagiert sind.

Ein weiteres Motto der Saarbrücker heißt „Hauptsach gudd gess". Es entspricht dem Lebensgrundsatz des „Savoir vivre". Die typischen saarländischen Gerichte sind einfach und schmackhaft. Vorherrschend ist die Kartoffel. Das hängt damit zusammen, dass der kluge Graf Wilhelm Heinrich von Nassau-Saarbrücken (1718–1768), ähnlich wie Friedrich der Große in Preußen, die Anzucht der aus Amerika eingeführten Kartoffel förderte. Fleischliche Genüsse konnte man sich nicht regelmäßig leisten. Es dominierten die beliebte Lyonerwurst, der Schwenkbraten sowie die Boudin (Blutwurst).

Heute finden sich in Saarbrücken überdurchschnittlich viele hoch dekorierte Spitzenrestaurants. Typisch saarländische Gerichte sind „Gefillde" (s. Kap. 64), „Geheiratete", „Lyonerpfanne", „Dibbelabbes" und „Hoorische" sowie alles, was sich grillen oder schwenken lässt. „Grillen und Schwenken" gehören zu den beliebten Freizeitaktivitäten der Saarbrücker.

Bald gar: Der Spießbraten

Die Orgel in der Ludwigskirche

Barockes Wahrzeichen

3

Die Ludwigskirche ist eines der schönsten Barockgebäude im süddeutschen Raum. Sie wurde von dem genialen Baumeister Friedrich Joachim Stengel geplant, vom Fürsten Wilhelm Heinrich von Nassau-Saarbrücken begonnen und von seinem Sohn und Nachfolger Ludwig vollendet. Die Grundsteinlegung fand im Jahr 1762 statt. Eine Inschrift weist Wilhelm Heinrich als Urheber der Kirche aus. Als er 1768 im Alter von 50 Jahren starb, mussten die Bauarbeiten unterbrochen werden. Zu hoch waren die Schulden, die der im Volk sehr angesehene und beliebte Graf seinem Nachfolger hinterlassen hatte. Sogar der Kaiser, es war Joseph II. aus dem Geschlecht Habsburg-Lothringen, sah sich veranlasst einzuschreiten. Er machte Ludwig die Auflage, erst einmal die Finanzen von Saarbrücken zu sanieren, bevor er weitere Bauvorhaben und größere Projekte in Angriff nehmen wolle. Graf Ludwig gelang es, sein Land in wenigen Jahren wesentlich zu entschulden. So konnte 1773 der Bau der Kirche fortgesetzt und 1775 vollendet werden. Die Bauleitung hatte bis zum Abschluss Friedrich Joachim Stengel, der bei Vollendung des Baus 81 Jahre alt war.

Ludwigskirche
Evangelische Kirchengemeinde Alt-Saarbrücken

Am Ludwigsplatz 11
66111 Saarbrücken
Tel.: 0681 52524
www.evangelisch-altsaarbruecken.de

Die Kirche, benannt nach ihrem Vollender, Graf Ludwig von Nassau-Saarbrücken, ist ein Prachtbau des Spätbarocks.

Die Kirche, die nach ihrem Vollender benannt wurde, ist ein Prachtbau des Spätbarocks. Die Stilrichtung des Barock, die von etwa 1600 bis 1770 in Europa vorherrschend war, zeichnet sich durch Prunk, Üppigkeit, Beeindruckenwollen, Liebe zum Detail, Leichtigkeit, Eleganz, Illusion, Verspieltheit und Wohlgefühl aus. All dies kommt auch in der Ludwigskirche zum Ausdruck.

Den Grundriss des Bauwerks bildet ein griechisches Kreuz, ausgerichtet an zwei sich senkrecht überschneidenden, etwa gleich langen Achsen. Im Zentrum steht der Altar mit einer Taufschale und den Abendmahlsutensilien Kelch, Kanne und Brotschale. Darüber erhebt sich die Kanzel. Damit soll bewusst zum Ausdruck gebracht werden, dass es sich um eine evangelische Kirche handelt. Der Gottesdienst findet inmitten der Gemeinde statt, deren Glieder alle den unmittelbaren Bezug zu Gott haben sollen und nicht der Gnadenvermittlung durch die Institution Kirche bedürfen. Taufe und Abendmahl sind die beiden von Christus eingesetzten Sakramente. Hauptteil des Gottesdienstes ist die Predigt. Aufgabe des Priesters ist es, den Gläubigen die Bibeltexte näher zu bringen und zu erläutern. Deshalb nimmt die Kanzel eine exponierte Stellung ein.

In den Wirren der Französischen Revolution begann die Kirche

zu verfallen, und als nach den napoleonischen Kriegen das Gebiet an der Saar an Preußen fiel, plädierte der dem Neoklassizismus verbundene preußische Hofarchitekt Karl Friedrich Schinkel dafür, die Ludwigskirche abzureißen. Glücklicherweise wurde die Ausführung dieses Ansinnens verhindert.
Am 5. Oktober 1944, als im 2. Weltkrieg englische Flieger Saarbrücken bombardierten, wurden auch die Ludwigskirche und die umliegenden Gebäude weitgehend zerstört. Beim Wiederaufbau der Stadt nach dem Krieg entschied sich die evangelische Gemeinde von Alt-Saarbrücken für die Rekonstruktion der Kirche.

Heiligenfiguren auf der Ludwigskirche

Schloss Mittelbau heute

4

Repräsentative Fürstenresidenz

Saarbrücker Schloss

Schlossstraße 1–15
66119 Saarbrücken
Tel.: 0681 5061616
www.saarbruecker-schloss.de

Das Castellum Sarrabrucca wurde im Jahr 999 erstmals urkundlich erwähnt. Im Lauf ihrer Geschichte wurde die Burg mehrfach zerstört und wiederaufgebaut. Im Mittelalter wurde sie mit Bollwerken, Zugbrücke und Gräben versehen. Im 17. Jahrhundert entwickelte sich die Burg allmählich zum Schloss. Ein Kupferstich Merians aus dieser Zeit zeigt eine vierflügelige Schlossanlage mit Wehrmauern und -türmen.

Im 18. Jahrhundert beauftragte Fürst Wilhelm Heinrich den Architekten Friedrich Joachim Stengel mit einer umfassenden städtebaulichen Planung, in die auch das Schloss einbezogen wurde. Die alte Wehranlage wurde zu Gunsten einer großzügigen Gestaltung mit Höfen, Gärten und Plätzen unter Einbezug von Einzelbauten und Sichtachsen aufgegeben. 1748 wurde das neue Barockschloss fertiggestellt. Fast 50 Jahre diente es nun als Residenz der Fürstenfamilie und als repräsentative Verwaltung. Aber schon 1793, während der Französischen Revolution, wurde der Nordflügel durch Brand zerstört.

Fast 50 Jahre diente das Barockschloss als Residenz der Fürstenfamilie und als repräsentative Verwaltung.

Ab 1810 erfolgte unter Baumeister Johann Adam Knipper der Wiederaufbau in klassizistischem Stil, wobei der Stengelsche Mittelbau abgerissen wurde und somit ein freier Durchgang entstand. 1872 erteilte der Industrielle Karl Ferdinand Stumm dem Architekten Hugo Dihm den Auftrag für einen neuen Mittelbau, der im Stil der damals beliebten Neorenaissance ausgeführt wurde.

Nach Zerstörungen im 2. Weltkrieg wurde das Saarbrücker Schloss in den Jahren 1982 bis 1989 grundlegend saniert. Da-

Blick vom Schlossgarten

bei wurde der Mittelbau nach einem Entwurf des Architekten Gottfried Böhm als moderner Stahlskelettbau mit viel Glas realisiert und in den restaurierten Schlossbau integriert.
Heute dient das Saarbrücker Schloss als Verwaltungssitz des Regionalverbands Saarbrücken. Vom Schlossgarten aus erschließt sich dem Besucher ein großartiger Blick über die Schlossmauer hinweg auf die Saar und auf St. Johann.
Teile der unterirdischen alten Burganlage aus dem Mittelalter und dem 17. Jahrhundert sind im Zuge der Sanierungen freigelegt worden und können nach umfangreichen Ausgrabungen in den Jahren 2003 bis 2007 nun besichtigt werden. Der Eingang zu den Kasematten befindet sich im Neubau des Historischen Museums nahe beim Schloss.
Recht unauffällige Schilder an den Schlossflügeln weisen auf den „Platz des Unsichtbaren Mahnmals" hin. Das Mahnmal be-

steht aus dunklen Pflastersteinen, die in der Mitte des Schlossplatzes zum Schloss führen. Zurückgehend auf ein Konzept von Kunstprofessor Jochen Gerz und einigen seiner Kunststudenten, wurden in insgesamt 2.146 Pflastersteine die Namen jüdischer Friedhöfe, die bis zum Jahr 1933 auf deutschem Boden bestanden hatten, eingefräst und die Steine dann mit den Namen nach unten in den Boden eingelassen. Der Stadtverbandstag hatte die Anfang der 1990er Jahre zunächst heimlich ausgeführte Idee aufgegriffen, und 1993 wurde das Mahnmal der Öffentlichkeit übergeben. Das unsichtbare Denkmal unter den Füßen des Besuchers auf dem Schlossplatz soll auch die Verdrängung der Geschichte symbolisieren.

Das Schloss bei Nacht

Die Stiftskirche St. Arnual

Kirche mit großer Geschichte

5

Die Stiftskirche St. Arnual im gleichnamigen Stadtteil von Saarbrücken ist eine der ältesten und bedeutendsten Kirchen im Saarland. Im Stil ist das Kirchenschiff gotisch und die Turmhaube barock. An der Stelle des heutigen Kirchenbaus sollen fünf Vorgängerkirchen gestanden haben. Gründer der ursprünglichen Kirche war der Überlieferung nach ein Mann, der sowohl ihr als auch dem sie umgebenden Ort seinen Namen gab: Arnulf, auch Arnual, Arnoald oder französisch „Arnoul" genannt. Er war ein direkter Vorfahr Karls des Großen und gilt zusammen mit Pippin dem Älteren als Begründer der Karolinger-Herrschaft. In der katholischen Kirche wird er als Heiliger verehrt. Von 614 bis 629 war er Bischof von Metz. Kirchenpolitisch gehörte das heutige St. Arnual lange Zeit zu diesem Bistum. Arnulf/Arnual soll die Kirche als Missionszentrum für die umliegende Region genutzt haben. Einige Historiker vermuten, dass er in dem Kirchengelände auch seine letzte Ruhestätte gefunden hat.

Stiftskirche St. Arnual

St. Arnualer Markt
66119 Saarbrücken
Tel.: 0681 9850505
www.saarbruecken.de/tourismus/sehenswertes/sehenswuerdigkeiten/stiftskirche_st_arnual

Im Jahr 1135 wurde das Stift St. Arnual erstmals urkundlich erwähnt.

Im Jahr 1135 wurde das Stift St. Arnual erstmals urkundlich erwähnt. Als Stifte bzw. Stiftskirchen werden solche bezeichnet, die von einem reichen Gönner geschenkt oder finanziert und einer Ordensgesellschaft oder einer anderen religiösen Gemeinschaft übertragen wurden. Das Stift St. Arnual war sehr vermögend und unterhielt soziale Projekte und Bildungseinrichtungen. Im Jahr 1223 ist erstmals die Existenz einer Lateinschule dokumentiert, aus der später das heute noch bestehende Ludwigsgymnasium hervorging.

Ende des 13. und in der ersten Hälfte des 14. Jahrhunderts wurde die heutige Kirche errichtet. Die Turmhaube entstand 1748 nach Plänen des bedeutenden Baumeisters Friedrich Joachim Stengel. Bis zum Jahr 1569 wurde die St. Arnualer Stiftskirche von Chorherren betreut, die nach den Regeln des Kirchenlehrers Augustinus (354–430) lebten. Nur wenige von ihnen waren Geistliche. Die meisten waren Männer mit niedrigen Weihen, die nicht zur Ehelosigkeit (Zölibat) verpflichtet waren. Im Jahr 1575 wurde die Kirche durch ein Dekret des Grafen Philipp III. von Nassau-Saarbrücken protestantisch.

Im Jahr 1456 hatte Gräfin Elisabeth von Lothringen, Witwe des Grafen Philipp I. von Nassau-Saarbrücken, die St. Arnualer Stiftskirche zur letzten Ruhestätte für sich selbst, die gräfliche Familie sowie deren führende Gefolgsleute bestimmt. Bis in die erste Hälfte des 17. Jahrhunderts erfüllte sie diese Funktion.

Die hohen Adligen legten großen Wert darauf, in bedeutenden Kirchen bestattet zu werden. Dort glaubten sie sich vor dem Zugriff des Teufels geschützt. Mehrere Boden- und Wandgräber, u.a. das der Elisabeth von Lothringen, das Grabmal von Graf Johann III. († 1472) mit seinen beiden Gemahlinnen und das Wandgrabmal des Grafen Philipp III. († 1602) und seiner beiden Ehefrauen sind erhalten geblieben. Die Reliefs und Verzierungen geben ein gutes Beispiel auch für das Kunstverständnis der damaligen Zeit.
Das St. Arnualer Stift ist heute eine Körperschaft des evangelischen Kirchenrechts.

Grabmäler im Seitenschiff der Stiftskirche

Ludwig-Kraft-Grab in der Schlosskirche

Stammvater des europäischen Hochadels

6

Ein Herrscher von besonderer Statur war Graf Ludwig Kraft (Crato) von Nassau-Saarbrücken. Der am 28. März 1663 in Saarbrücken Geborene erbte im Jahr 1677 von seinem Vater Gustav Adolf den Saarbrücker Fürstenthron, doch konnte er sein Amt nicht antreten. Saarbrücken war zu dieser Zeit vom französischen „Sonnenkönig" Ludwig XIV. besetzt, und der hatte erklärt: „Das Land an der Saar gehört zu Frankreich."

Ludwig Kraft machte das Beste aus dieser Situation und verdingte sich erfolgreich in König Ludwigs Armee, bis er 1697 nach dem Frieden von Rijswijk die Herrschaft über sein Land übernehmen konnte. Es wird von ihm gesagt, dass er sehr weise und gerecht regiert habe. Er hat Saarbrücken aus kriegerischen Aktionen herausgehalten, das Schulwesen verbessert und die Rechtspflege sowie die Landesfinanzen geordnet. Außerdem hat er sich karitativ betätigt.

Es wird von ihm gesagt, dass er sehr weise und gerecht regiert habe.

Bedeutung hat er bis heute als Stammvater vieler Hochadliger. Über seine Tochter Karoline (1704–1774) ist er der leibliche Vorfahr des österreichischen Kaisers Franz Josef I. und dessen Gemahlin Sisi, des ersten deutschen Kaisers Wilhelm I. und dessen Ehefrau Auguste, der bayerischen Könige Maximilian I. und Ludwig II., der schwedischen Königin Friederike (1781–1826) und schließlich auch des amtierenden Fürsten Albert II. von Monaco.

Ludwig Kraft starb am 17. Februar 1713 und wurde neben seiner Ehefrau, Gräfin Philippine Henriette, in der Saarbrücker Schlosskirche beigesetzt.

Ludwig-Kraft-Grab in der Schlosskirche Saarbrücken

Am Schlossberg 6
66119 Saarbrücken
Tel.: 0681 9964234
www.kulturbesitz.de/museen/saarland museum-museum-in-der-schlosskirche.html

Wilhelm Heinrich von Nassau-Saarbrücken

Fürst Wilhelm Heinrich

7

Nicht ohne Grund haben die Saarbrücker ihre größte Brücke sowie eine Straße nach ihm benannt. Wie kein anderer hat er das Erscheinungsbild der heutigen saarländischen Landeshauptstadt geprägt. Der am 6. März 1718 geborene Wilhelm Heinrich war der vorletzte der in Saarbrücken herrschenden Grafen. Mit 23 Jahren trat er 1741 dieses Amt an und behielt es bis zu seinem Tod am 24. Juli 1768.

Wilhelm Heinrich nahm den genialen Barockbaumeister Stengel in seine Dienste und beförderte ihn zum Generalbaudirektor. Die Verbindung zwischen den beiden erwies sich als Glücksfall für die Entwicklung von Saarbrücken. Mit dem im Barockstil neu erbauten Schloss und etlichen weiteren Bauten erhielt die Stadt ein beeindruckendes Gesicht.

Fürstengrab von Wilhelm Heinrich in der Schlosskirche Saarbrücken

Am Schlossberg 6
66119 Saarbrücken
Tel.: 0681 9964234
www.kulturbesitz.de/museen/saarland museum-museum-in-der-schlosskirche.html

Den Wohlstand seines Landes förderte Wilhelm Heinrich durch viele Maßnahmen, die zum Teil in dieser Zeit als revolutionär erschienen. Um eine größere Steuergerechtigkeit zu erzielen, ließ er seinen Baumeister Stengel das Land neu vermessen. Er verstaatlichte die Kohlegruben, gab die Eisenhütten in fachkundige private Unternehmerhände, förderte die Glasindustrie und andere Produktionsstätten. Saarbrücken baute er zu einem Handelszentrum aus, wovon heute noch der rekonstruierte Saarkran Zeugnis gibt. Insgesamt führte Wilhelm Heinrich eine sehr aufwendige Herrschaft und hinterließ seinem Nachfolger viele Schulden. Er verstarb nach einem Schlaganfall am 24. Juli 1768 in Saarbrücken und wurde, hochgeehrt, in der Saarbrücker Schlosskirche beigesetzt.

Ein Glücksfall für die Entwicklung von Saarbrücken

Graf Ludwig von Nassau-Saarbrücken

Der letzte regierende Fürst

8

Ludwig war der letzte Fürst von Nassau-Saarbrücken. 1745 geboren, war er der erste Sohn des Grafen Wilhelm Heinrich. Am 30. Oktober 1766 heiratete er die fünfzehnjährige Wilhelmine von Schwarzburg-Rudolstadt. 1768 wurde Sohn Heinrich geboren. Die Ehe war nicht glücklich, und so zog sich Wilhelmine mit ihrem Sohn auf Schloss Halberg zurück. Ludwig weilte oft zu Besuch am Hofe König Ludwigs XV. von Frankreich. Er galt als leichtlebig und dem weiblichen Geschlecht sehr zugetan.

1768 starb Wilhelm Heinrich, und zwei Jahre später übernahm Ludwig die Regierungsgeschäfte. Seine wichtigste Aufgabe bestand darin, den riesigen Schuldenberg seines Vaters abzubauen. Er sah sich gezwungen, Ländereien zu verpfänden. Auch seine Hofhaltung konnte er nicht aufrechterhalten und benutzte die kleineren Jagdschlösser im Saarbrücker Umland als Regierungssitz. Trotzdem gelang es ihm, weitere Bauvorhaben durchzuführen. Zu Recht tragen mehrere bedeutende Gebäude in Saarbrücken seinen Namen. Die Ludwigskirche, die sein Vater in Auftrag gegeben hatte, stellte er 1775 fertig. Ludwig schaffte die Folter ab, reformierte die Prozessordnung und setzte zahlreiche Neuordnungen im Schulwesen und in der Land- und Forstwirtschaft durch.

Das Geld für die Flucht musste er sich borgen.

1793 erreichte die Französische Revolution das Saarland. Ludwig musste nach Aschaffenburg fliehen, wo er ein Jahr später starb. Das nötige Geld für die Flucht musste er sich borgen. 1995 wurden seine Gebeine in der Schlosskirche neben seinem Vater in dessen Gruft beigesetzt.

Der Barockbaumeister Friedrich Joachim Stengel

Stengel – barocke Baukunst

9

Er wurde 92 Jahre alt – für die Epoche, in der er lebte, ein biblisches Alter. Friedrich Joachim Stengel (1694–1787) war einer der bedeutendsten Barockbaumeister überhaupt. Sein Lebenslauf spiegelt das 18. Jahrhundert wider, in dem in Deutschland nebeneinander über 300 Fürsten absolutistisch regierten und nur derjenige eine Karrierechance hatte, dem es gelang, die Gunst wenigstens eines dieser Monarchen zu gewinnen.
Glückliche Umstände führten dazu, dass Stengel (mit kurzer Unterbrechung) von 1737 bis 1775 in Diensten des Grafen Wilhelm Heinrich von Nassau-Saarbrücken stand, den er 1739 auch auf einer ausgedehnten Paris-Reise begleiten durfte.
Geboren wurde Stengel am 29. September 1694 in Zerbst, der Residenzstadt des damaligen Fürstentums Anhalt-Zerbst. 1740 kam er nach Saarbrücken, um den Bau des neuen Residenzschlosses zu betreuen. Als topografische Voraussetzung für seine Pläne mussten u.a. der Saarverlauf begradigt und die Schlossmauer neu errichtet werden. Es war der Beginn einer umfassenden städtebaulichen Planung. Der barocke Schlossgarten, der damals in Terrassen zur Saar hinab abfiel, entstand in den Jahren 1760 bis 1765. 1760 begannen auch die Planungen zu seinem Hauptwerk, dem Ludwigsplatz und der Ludwigskirche (1762–1775), die erst sieben Jahre nach dem Tod Wilhelm Heinrichs vollendet wurde.
Trotz vieler Zerstörungen, insbesondere im 2. Weltkrieg, prägen die Stengelschen Bauten bis heute wesentlich das Bild der saarländischen Landeshauptstadt.

Die Stengelschen Bauten prägen bis heute wesentlich das Gesicht der Stadt.

Stadtarchiv: Stengelarchitektur in Saarbrücken

Deutschherrnstraße 1
66117 Saarbrücken
Tel.: 0681 9051258
http://www.saarbruecken.de/kultur/stadtgeschichte/stengelarchitektur

Goethe und Friederike Brion

Saarbrücken zur Goethezeit

Goethes „Besuch im Saarbrückischen"

10

Im Juni 1770 unternahm Johann Wolfgang von Goethe als Student von Straßburg aus eine Reise durch das Elsass, Teile des Saargebiets und der Pfalz. Drei Tage lang machte er Station in Saarbrücken und berichtet darüber in seinen Lebenserinnerungen „Dichtung und Wahrheit". Darin bezeichnete er Saarbrücken als „lichten Punkt in einem so felsig waldigen Lande" und betont, wie wichtig es für ihn und seine spätere Tätigkeit als Weimarer Minister war, dabei die „Interessen der Berggegenden" (Bergbau) kennengelernt zu haben.

* * *

„Wir gelangten über Saargemünd nach Saarbrück, und diese kleine Residenz war ein lichter Punkt in einem so felsig waldigen Lande ... Präsident von Günderode empfing uns aufs verbindlichste und bewirtete uns drei Tage besser, als wir es erwarten durften. Ich benutzte die mancherlei Bekanntschaften, zu denen wir gelangten, um mich vielseitig zu unterrichten. Das genussreiche Leben des vorigen Fürsten gab Stoff genug zur Unterhaltung, nicht weniger die mannigfaltigen Anstalten, die er getroffen, um Vorteile, die ihm die Natur seines Landes darbot, zu benutzen. Hier wurde ich nun eigentlich in das Interesse der Berggegenden eingeweiht, und die Lust zu ökonomischen und technischen Betrachtungen, welche mich einen großen Teil meines Lebens beschäftigt haben, zuerst erregt. Wir hörten von den reichen Duttweiler Steinkohlengruben, von Eisen- und Alaunwerken, ja sogar von einem brennenden Berge, und rüsteten uns, diese Wunder in der Nähe zu beschauen."

„Ein lichter Punkt in einem so felsig waldigen Lande."

Staatskanzlei am Ludwigsplatz

Der Ludwigsplatz

Ein eindrucksvolles barockes Ensemble

11

Am Ludwigsplatz

66117 Saarbrücken

Staatskanzlei

Am Ludwigsplatz 14
66117 Saarbrücken
Tel.: 0681 50100
www.saarland.de/
12145.htm

Die Ludwigskirche, Saarbrückens Wahrzeichen, ist nicht sehr groß. Auf den Betrachter übt sie jedoch eine gesteigerte Wirkung aus, weil sie sich alleinstehend in der Mitte eines Platzes befindet, der von Gebäuden umrandet wird, die ebenfalls vom Baumeister Stengel im Barockstil entworfen worden sind. Das heute „Ludwigsplatz" genannte Areal war ursprünglich noch eindrucksvoller als heute gestaltet, weil es durch eine achsenförmige Straßenanlage eng mit den anderen Stadtteilen Saarbrückens verbunden war. Von dieser Anlage hat sich schon Johann Wolfgang von Goethe beeindrucken lassen, als er im Juni 1770 von Straßburg aus Saarbrücken besuchte. In seinen Erinnerungen schreibt er: „Mitten auf einem schönen, mit ansehnlichen Gebäuden umgebenen Platze steht die lutherische Kirche, in einem kleinen, aber dem Ganzen entsprechenden Maßstabe."

Stengel hatte noch weitere Gebäude vorgesehen. Die Verwirklichung dieses Planes scheiterte jedoch an den Kosten.

Im 2. Weltkrieg wurden die Bauten weitgehend zerstört, danach aber teilweise wiederaufgebaut bzw. restauriert. Der Eindruck eines barocken Ensembles blieb erhalten. In einem der Gebäude befindet sich heute die Staatskanzlei des saarländischen Ministerpräsidenten. Dabei handelt es sich um einen modernen Atriumbau, dessen Fassade nach Plänen Stengels im barocken Baustil restauriert wurde. Jeden Dienstag, Donnerstag und Samstag findet auf dem Platz ein Markt statt, auf dem vorzugsweise regionale Produkte angeboten werden.

Von dieser Anlage hat sich schon Johann Wolfgang von Goethe beeindrucken lassen.

Die Congresshalle

Luftaufnahme der Congresshalle

Viel Raum für spektakuläre Auftritte

12

Congresshalle

Hafenstraße 12
66111 Saarbrücken
Tel.: 0681 41800
www.ccsaar.de

Saarbrücken ist Landeshauptstadt, Universitäts- und Messestadt. Sie liegt im Dreiländereck von Frankreich, Luxemburg und Deutschland und im Drehkreuz der Metropolen Straßburg, Metz, Luxemburg, Trier und Mainz. Die Stadt ist verkehrstechnisch gut erreichbar und verfügt über eine attraktive Hotellerie und Gastronomie. Das alles bietet ideale Voraussetzungen für Begegnungen, Tagungen und Veranstaltungen jeder Art. Wichtigster Treffpunkt ist die am rechten Saarufer, nicht weit vom Haupt- bzw. Europabahnhof entfernt gelegene Congresshalle. Sie wurde 1967 eröffnet und bietet Raum für bis zu 2.000 Gäste.

Modernste Technik für internationale und regionale Veranstaltungen

Es befinden sich darin ein großer Saal mit Bühne und Empore, drei Kongressräume und zwei Foyers. Die Räume sind vielfältig gestaltbar und mit modernster Technik ausgerüstet. Sie sind barrierefrei. Es finden dort internationale und regionale Kongresse, Konzerte, Messen, Shows und Bühnenveranstaltungen, aber auch Hochzeiten, Abiturfeiern oder Klausurtagungen im kleinen Kreis statt. Ein effektives Cateringsystem und ein renommiertes Restaurant sorgen für das leibliche Wohl der Gäste. Ein hauseigener Dienstleistungsbetrieb hilft bei der Organisation von Veranstaltungen und stellt Programme für zusätzliche Unternehmungen auf, für welche Saarbrücken und das Saarland viele Attraktionen bieten. Vor der Halle befindet sich ein Platz, der für Veranstaltungen im Freien genutzt werden kann. Parkplätze stehen zur Verfügung. In direkter Nähe laden ein Park und eine Shopping-Meile zum „Abschalten" ein.

Saarländisches Staatstheater

Das Staatstheater bei Nacht

Zentrum vieler Künste

13

Saarländisches Staatstheater

Schillerplatz 1
66111 Saarbrücken
Tel.: 0681 30920
www.staatstheater.saarland

Repräsentativ im neoklassizistischen Stil präsentiert sich das Gebäude des Saarländischen Staatstheaters. Es heißt, es handle sich dabei um ein Geschenk Hitlers an die Stadt aus Anlass des Anschlusses des Saarlands an das Deutsche Reich (1935). Doch bezahlen musste es vor allem die Stadt selbst. So kann sie getrost behaupten, dass es ihre höchst eigene Spielstätte ist.

Die Pläne für das Gebäude wurden im Auftrag des Reichsministers für Propaganda Joseph Goebbels in den Jahren 1936 bis 1938 von dem Architekten Paul Baumgarten entworfen. Er orientierte sich dabei an antiken Vorbildern. So erhielt das Theater eine Vorderfront mit Säulen, wie man sie ähnlich von griechischen Tempeln kennt. Dadurch gewann der ansonsten eher funktionale Bau eine repräsentative Wirkung. Die Bühneneinrichtung wurde nach Plänen des aus Dresden stammenden Bauingenieurs Kurt Johann Hemmerling angelegt. Er war später auch für die Neugestaltung des Nationaltheaters in Weimar verantwortlich.

Eine der führenden Bühnen in Deutschland

Das Saarländische Staatstheater gehört heute zu den führenden Bühnen in Deutschland. Namhafte Intendanten, Regisseure und Dirigenten begründeten seinen hervorragenden Ruf als Aufführungsstätte. Das Programmangebot ist ausgesprochen vielseitig. Neben Schauspiel, Oper, Musik-, Tanztheater und Ballett bietet das Staatstheater auch Räume für Kleinkunst sowie experimentelles und Laientheater. Sein Ziel ist es, ein breites und offenes Feld für die darstellende Kunst und Kultur zu sein.

Die Gruppe Compagnie Akoreacro

Le Saint Brass Band du Lard beim Festival Perspectives

Festival „Perspectives"

14

Festival Perspectives

Heuduckstraße 1
66117 Saarbrücken
Tel.: 0681 5011103
www.festival-perspectives.de

Seiner geografischen Lage und seiner Geschichte entsprechend versteht sich Saarbrücken auch als Brückenglied zwischen Deutschland und Frankreich. Aus diesem Verständnis heraus rief 1978 Jochen Zoerner-Erb, Dramaturg des Saarländischen Staatstheaters, das Kulturfestival „Perspectives du jeune théâtre français" (Perspektiven des jungen französischen Theaters) ins Leben. Sein Anliegen war es, jungen französischen Schauspielern die Möglichkeit zu geben, das „freie" und kreative französische Theater in Deutschland vorzustellen. Aus dieser Initiative hat sich das heutige „Festival Perspectives" entwickelt. Es findet in jedem Jahr über mehrere Tage statt und erfreut sich eines zunehmenden Interesses. 2015 wurden 40.000 Besucher registriert.

Die Perspectives sind inzwischen ein Kulturfest, das sowohl französische als auch deutsche Nachwuchsschauspieler und ihre Projekte vorgestellt. Rechtsträger ist die „Stiftung für die deutsch-französische kulturelle Zusammenarbeit". Drei Besonderheiten zeichnen das Festival aus:

Erstens ist es das einzige Fest dieser Art in Deutschland. Zweitens finden die Aufführungen an vielen Orten statt, und zwar auch an solchen, die sonst anderen Zwecken dienen wie Werkshallen, Straßen und öffentliche Plätze. Und drittens bietet das Programm eine große Vielfalt. Nicht nur klassisches Theater, sondern auch Tanz, Szenedarbietungen, Zirkus, Artistik, Musiktheater und Performance werden geboten. Im Vordergrund steht die Kreativität.

Nicht nur klassisches Theater, sondern auch Tanz, Szenedarbietungen, Zirkus, Artistik, Musiktheater u. a.

Rathaus Saarbrücken

Bürgersinn und stolze Mauern

15

Rathaus St. Johann

Rathausplatz 1
66111 Saarbrücken
Tel.: 0681 9050
www.saarbruecken.de/rathaus

Das heutige Saarbrücker Rathaus war ursprünglich nur das Rathaus von St. Johann, damals eine aufstrebende Stadt mit etwas mehr als 22.000 Einwohnern. Deren Bürger profitierten von dem Wirtschaftswachstum, das durch die Gründung des Deutschen Reichs ausgelöst wurde und viele große und kleine Gewerke ins Gebiet von Saarbrücken zog. Der Bürgerstolz in St. Johann verlangte, dass die gestiegene Bedeutung der Stadt in einem repräsentativen Rathaus Ausdruck finden müsse. In der Festschrift zur Einweihung des neuen Rathauses hieß es demgemäß: „... denn die Bürgerschaft einer Stadt hat einzig und allein in ihrem Rathaus eine ... Repräsentation ihres Seins und Wollens."

Den Auftrag für die Planung und Ausführung des Baus erhielt der Architekt Georg von Hauberrisser (1841–1922). Er hatte sich bereits als Erbauer des neugotischen Neuen Münchner Rathauses sowie der neuen Rathäuser von Wiesbaden und Kaufbeuren einen Namen gemacht. Wegen seiner Verdienste war er sogar vom bayerischen König geadelt worden.

Hauberisser plante auch das St. Johanner Rathaus im neugotischen Stil. 1900 wurde es fertiggestellt und eingeweiht. Neun Jahre später wurden die Städte (Alt-) Saarbrücken, St. Johann, Malstatt und Burbach vereinigt, und St. Johann wurde Zentrum der neuen Stadt Saarbrücken. Das St. Johanner Rathaus übernahm die Funktion der Bürgerresidenz für ganz Saarbrücken. Entsprechend der bürgerlichen Tradition des Hauses dürfen seine stattlichen Räume auch für gesellschaftspolitische Anlässe genutzt werden.

Der Bürgerstolz verlangte ein repräsentatives Rathaus.

Im Bürgerpark

Wassertor im Bürgerpark

Vom Kohlehafen zum Bürgerpark

16

Bürgerpark Hafeninsel

Westspange
66111 Saarbrücken

Geht oder radelt man von der Congresshalle hinunter zur Saar, so gelangt man in einen nicht alltäglichen Park, der sich in westlicher Richtung über ein neun Hektar großes Gelände erstreckt. Früher bildete hier ein Altarm der Saar eine Halbinsel, auf welcher sich ein Kohlehafen befand, von dem seit dem 17. Jahrhundert Kohle verschifft wurde. Ende der 1980er Jahre war dieses Gelände eine Trümmerwüste, die zu einem Bürgerpark umgewandelt werden sollte. In dreijähriger Bauzeit entstand eine Mischung von Landschafts- und Stadtpark, der Geschichte und Moderne miteinander verbindet und von den Bürgern als Freizeit- und Erholungsfläche genutzt werden kann.

Relikte der früheren Hafennutzung wurden zum Bau von Wegen, Treppen und Hügeln verwendet oder auch als kleine Kunstwerke aufgestellt. Als moderne Elemente wurden u.a. ein Boule-Platz und eine Skateranlage integriert. Viele kleine Wege, Heckengänge und Alleen führen durch unterschiedlich gestaltete Anlagen, Gärten und Liegewiesen, auch ein kleines Amphitheater gibt es. Im Zentrum des Geländes befindet sich ein Rondell mit einer Wasserfläche und einem Wassertor, das an die Ruine einer Industrieanlage erinnern soll. Diese Kulisse dient im Sommer auch als Freilichtbühne für Musikgruppen. Ein Steg führt über den Teich und verbindet den östlichen mit dem westlichen Teil des Parks.

Von der Trümmerwüste zum vielseitigen Landschafts- und Stadtpark

Noch im Jahr der Einweihung, 1989, wurde der Park mit dem Landschaftsarchitekturpreis des Bundes Deutscher Landschaftsarchitekten ausgezeichnet.

Menora auf dem Dach der Synagoge

Die Neue Synagoge

17

Ort vieler Versammlungen

Synagoge Saarbrücken

Lortzingstraße 8
66111 Saarbrücken
Tel.: 0681 910380
www.sgsaar.de

Zu Beginn des 20. Jahrhunderts lebten etwa 2.200 Juden in Saarbrücken. Ihr Anteil an der Bevölkerung betrug damit etwa zwei Prozent. Sie bildeten eine Gemeinde und bauten in der Kaiserstraße eine Synagoge, die in der „Reichskristallnacht", am 9./10. November 1938, von SA und SS zerstört wurde. Es wird berichtet, dass die Nazihorden besonders barbarisch vorgegangen seien und die Jüdisch-Gläubigen, die sie ergreifen konnten, brutal gedemütigt und gequält hätten. Glücklicherweise hatten viele saarländische Juden vorher über Frankreich fliehen und sich in Sicherheit bringen können. 250 jedoch wurden in Konzentrationslagern umgebracht. 1946 kehrten einige Überlebende zurück und gründeten eine neue Synagogengemeinde, die von da an für alle gläubigen Juden im Saarland zuständig war.

An Stelle der alten zerstörten Synagoge errichteten sie in der Lortzingstraße am Beethovenplatz eine neue Kultstätte. Synagoge bedeutet auf Griechisch Versammlungsort. Gottesdienste finden regelmäßig Freitagabend oder Sonntagmorgen sowie an den Feiertagen statt. Sie bestehen aus Lesungen und Gebeten und werden von einem Kantor geleitet.

Auch Nichtjuden sind willkommen.

Grundsätzlich kann jedes Gemeindemitglied die Rolle des Kantors übernehmen. In der Regel wird sie jedoch von einem Rabbi, einem Gelehrten in der Tradition der jüdischen Religion, ausgeübt. Die Gottesdienste in der Saarbrücker Synagoge können auch von Nichtjuden besucht werden. Immer wieder ist die neue Synagoge auch Austragungsort von überkonfessionellen Feiern und Veranstaltungen.

Filmfestival Max Ophüls Preis

Max Ophüls Preis – Preisverleihung im E-Werk

Auf den Spuren von Max Ophüls

18

Filmfestival Max Ophüls Preis

Mainzer Straße 8 c
66111 Saarbrücken
Tel.: 0681 906890
www.max-ophuels-preis.de

An den Theater- und Filmregisseur Max Ophüls (1902–1957) wird in seiner Geburtsstadt Saarbrücken in mehrfacher Weise erinnert. Auf dem nach ihm benannten Platz steht eine Gedenksäule, die den interessierten Besucher über das Leben des Namensträgers informiert. Dort heißt es:
„Der Sohn der Saarbrücker Textilhändlerfamilie Oppenheimer begann seine Karriere als Schauspieler, führte bald schon Theaterregie, u. a. in Wien und Breslau, und kam 1931 in Berlin zum Film. Schnitzlers ‚Liebelei' (1932) gilt als sein erstes Meisterwerk. Auf der Flucht vor den Nazis emigrierte er 1933 zunächst nach Frankreich, später nach Hollywood. 1949 kehrte er nach Europa zurück. ‚Der Reigen' (1950), ‚Madame de …' (1953) und ‚Lola Montez' (1955) gehören zu den Klassikern der Filmkunst. Nach ihm ist der Preis benannt, den die Stadt Saarbrücken seit 1980 alljährlich an den deutschsprachigen Filmnachwuchs vergibt. Max Ophüls ist auf dem Pariser Friedhof Père Lachaise begraben."

Sein Name steht für das wichtigste Nachwuchsfilmfestival im deutschsprachigen Raum.

Ophüls (er nahm diesen Künstlernamen 1920 an) wurde als Sohn jüdischer Eltern geboren. Sein Geburtshaus steht in der Försterstraße im Nauwieser Viertel. Nach ihm benannt ist das seit 1980 jährlich in Saarbrücken stattfindende Filmfestival „Max-Ophüls-Preis". Es kann für sich beanspruchen, das wichtigste Nachwuchsfilmfestival im deutschsprachigen Raum zu sein. Es trägt wesentlich zur Talentsuche und Förderung junger Filmemacher bei. Im Wettbewerb stehen Spiel-, Dokumentar-, Mittellange und Kurzfilme.

Die Basilika von innen

Basilika St. Johann

Prachtvolle Königshalle

19

Basilika St. Johann

Gerberstraße 31
66111 Saarbrücken
Tel.: 0681 32964
www.pfarrei-st-johann.de

Zu den schönsten Kirchen Südwestdeutschlands gehört die barocke Basilika St. Johann. Sie wurde an einem Platz errichtet, an dem schon im 7. Jahrhundert, zur Zeit der Merowinger, eine Kapelle gestanden hatte. Hauptverantwortlich für den Bauplan war auch hier der geniale Saarbrücker Baumeister Friedrich Joachim Stengel (1694–1787). 1758 konnte die Kirche feierlich eingeweiht werden, 1763 wurde der Turm vollendet. Im Jahr 1907 wurden ein eigenes Sakristei-Gebäude und eine Wandelhalle hinzugebaut. Papst Paul VI. erhob die Kirche 1975 in den Rang einer „Basilika Minor". Sie gehört damit zu den 1.645 bedeutendsten Kirchengebäuden im Weltchristentum.

Der Name „Basilika" bedeutet „Königshalle". Das prachtvolle bronzene Eingangstor und die Innenausstattung der Kirche machen diesem Namen Ehre. Im Innenraum herrscht barocker Jubel. Hier dominiert nicht strenge kirchliche Disziplin, sondern Freude über das Erlöstsein der Christen. Helle Wände und vielfältige Goldverzierungen bestimmen das Bild. Im hinteren Kirchenschiff befindet sich ein Ensemble aus drei Orgeln mit insgesamt 62 Registern und 4.138 Orgelpfeifen. So wird dem urkatholischen Anliegen Rechnung getragen, dass ein Gottesdienst alle Sinne ansprechen soll.

Im Innenraum herrscht barocker Jubel.

Der Glockenturm beherbergt vier Glocken, die 1956 in unterschiedlicher Größe gegossen wurden und insgesamt ein Gewicht von 4.610 Kilogramm aufweisen. Ein Geläut mit allen Glocken ist hohen Festtagen und besonderen Anlässen vorbehalten.

Engel auf dem Friedhof St.-Johann

Beeindruckendes Gräberfeld auf dem Friedhof St.-Johann

Ältester Friedhof in Saarbrücken

Friedhof St. Johann

Am Bruchhübel 1
66123 Saarbrücken
Tel.: 0681 9054351
Amt für Stadtgrün
und Friedhöfe
www.saarbruecker-friedhoefe.de/friedhoefe/friedhof_st_johann

Zu den schönsten Friedhöfen des Saarlandes gehört der Friedhof von St. Johann. St. Johann, heute das Zentrum von Saarbrücken, war von 1332 bis 1909 eine selbständige Stadt in der Grafschaft Saarbrücken bzw. in der preußischen Rheinprovinz. Anders als im auf der anderen Saarseite gelegenen Alt-Saarbrücken, lebten in St. Johann viele Katholiken. Die legten mehr als die Protestanten Wert auf bildliche Darstellungen, Monumente, Statuen und religiöse Kunst. Davon ist auch die Anlage des St. Johanner Friedhofs geprägt. Das parkähnliche Areal steht unter Denkmalschutz und lädt auch zum Spaziergang oder zum besinnlichen Verweilen ein. Ein Besuch lohnt sich daher auch für Menschen, die keinen verstorbenen Angehörigen oder Freund auf dem Gelände beerdigt haben.

„Unter jedem Grabstein liegt eine Weltgeschichte." (Heinrich Heine)

Friedhöfe sind Führer durch die örtliche Geschichte. Heinrich Heine hat sogar gesagt: „Unter jedem Grabstein liegt eine Weltgeschichte." Auf dem St. Johanner Friedhof finden wir die Gräber von Kaufleuten, Politikern, Künstlern, Ärzten, Anwälten und vielen anderen, die zur Entwicklung und Bedeutung Saarbrückens beigetragen haben. Acht von ihnen sind in Ehrengräbern bestattet.
Von 1914 an wurde der St. Johanner Friedhof durch den neuen, an der Metzer Straße gelegenen, Saarbrücker Hauptfriedhof ersetzt. Bis heute sind jedoch noch Urnenbestattungen oder Beerdigungen in angestammten Familiengräbern möglich.

Giraffe im Saarbrücker Zoo

Zebra im Saarbrücker Zoo

Artenvielfalt in der Landeshauptstadt

21

Zoo Saarbrücken

Graf-Stauffenberg-Straße
66121 Saarbrücken
Tel.: 0681 9053600
www.zoo.saarbruecken.de

Ursprünglich als Privatzoo gegründet, wurde der Saarbrücker Zoo 1956 am Südhang des Saarbrücker Stadtteils Eschberg neu erbaut. In dem 12 Hektar großen, abwechslungsreichen Gelände mit imposantem Baumbestand beherbergt er über 1.000 Tiere 50 verschiedener Arten, darunter viele aus Afrika, Madagaskar und Südamerika. Der Zoo verfügt über sechs große Tierhäuser, das größte Gebäude ist das Afrikahaus. Hier leben Giraffen, Zebras, Antilopen sowie im Nachtzoo zahlreiche nachtaktive Tiere. Ferner gibt es ein Menschenaffenhaus, ein Südamerikahaus, ein Raubtier- und ein Vogelhaus. So kann jeder Besucher sein Lieblingstier finden und nach Herzenslust beobachten und, wenn er sich noch weiter engagieren will, auch Patenschaften übernehmen. Familien mit Kindern finden für die Kleinen eine Menge Extra-Angebote.

Im Rahmen eines Masterplans wird der Zoo seit einigen Jahren systematisch ausgebaut und attraktiver gestaltet. So haben bereits die imposanten Gorillas ein neues Freigehege erhalten, und die putzigen Erdmännchen tummeln sich in einem neuen, artgerechten Gehege. Die Seehundanlage wurde neugestaltet, und beim Afrika-Haus verspricht eine 42 Meter lange Hängebrücke dem Besucher ungewohnte Aussichten. Überall ist das Bemühen erkennbar, den Zoo für den Besucher attraktiver und optisch zugänglicher zu gestalten. Zu den weiteren Projekten gehören u. a. der Bau einer Nashorn-Savanne, die Einrichtung einer bewaldeten Schlucht für Sibirische Tiger und eine neue Veterinär- und Quarantänestation.

Eine Hängebrücke bietet ungewohnte Aussichten.

Treffpunkt Staden

Blick vom Staden auf die Graffitiwand an der Saar

Naherholung für jedermann

22

Am Staden

66121 Saarbrücken

Zwischen der Bismarckbrücke und dem Heizwerk Römerbrücke erstreckt sich im Saarbrücker Stadtteil St. Johann ein beliebtes Naherholungsgebiet. Es wird Staden genannt. Der Name, verwandt mit dem Wort Gestade, bedeutet Uferstraße. In diesem Fall ist es mehr. Der Saarbrücker Staden besteht aus einer Allee und einem parkähnlichen Areal. Hier finden sich Wiesen, Spazierwege, Sitzbänke, ein Kinderspielplatz und ein Biergarten. Hier sind Familien unterwegs, laufen Jogger und führen Herrchen und Frauchen ihre Hunde spazieren. Auf den Wiesen tummeln sich bei gutem Wetter viele Menschen, um auszuruhen, zu lesen, sich zu unterhalten oder zum Sonnenbaden. Liebespaare genießen das Zusammensein in freier Natur. „Hier bin ich Mensch, hier darf ich's sein", möchte man mit Goethe dazu sagen. An einigen Orten wird gegrillt. Wer nicht Selbstversorger ist, kann den gemütlichen Biergarten aufsuchen. Mitten im Gelände steht ein Denkmal, das an die im Deutsch-Französischen Krieg von 1870/71 Gefallenen eines „Ulanenregiments" erinnern soll.

„Hier bin ich Mensch, hier darf ich's sein" (Goethe)

Vom Ufer aus hat man einen schönen Blick auf die Saar, die sich an dieser Stelle von ihrer romantischen Seite zeigt. Am gegenüberliegenden Ufer entlang verläuft die Stadtautobahn, was zu Lärmbelästigungen führt. Darunter verläuft eine Stützwand, die von der Stadt offiziell für Graffitikunst freigegeben wurde. Das Stadtviertel um den Staden ist ein beliebtes Wohngebiet. Das attraktive Mauerwerk, das den Staden davon abgrenzt, steht unter Denkmalschutz.

Drachenboote beim Saarspektakel

Boote auf der Saar beim Saarspektakel

Saar-Spektakel

23

Die Saarbrücker lieben es, öffentlich zu feiern. Fast alle Stadtteile veranstalten ihr eigenes Fest. Seit 1999, dem Jahr, in dem die Stadt ihr 1.000-jähriges Bestehen feierte, ist ein zentrales Volksfest hinzugekommen, das „Saar-Spektakel". Ursprünglich war es nur als Jubiläumsfeier gedacht, doch war der Erfolg so groß, dass die Stadtverwaltung entschied, es jährlich zu wiederholen. Über 300.000 Besucher zählt das Fest inzwischen. Gefeiert wird an drei Tagen im August. Drei Schwerpunkte hat das Spektakel zum Inhalt: Wassersport, Musik und Erlebnis. Veranstaltungsort ist die Saar sowie ihre beiden Uferbereiche zwischen Wilhelm-Heinrich- und Bismarckbrücke. Beteiligte sind neben der Stadtverwaltung Wassersportvereine, die Deutsche Lebensrettungsgesellschaft (DLRG), das Technische Hilfswerk (THW), der örtliche Verkehrsverein, Polizei und Bundeswehr. Außerdem wirken zahlreiche Wirtschaftsunternehmen als Veranstalter und Werbepartner mit. Da findet zusammen, was zu einem großen Spektakel gehört.

Hier findet zusammen, was zu einem großen Spektakel gehört.

Höhepunkte auf dem Wasser sind Drachenbootrennen, Segel- und Ruderwettbewerbe, Hausbootfahrten und Tauchübungen. An Land werden Bühnen aufgebaut, auf denen bekannte Musikgruppen und Einzelinterpreten wie die Scorpions, Karat, Nena oder DJ Bobo auftreten. Links und rechts der Saar zeigen die Partnerfirmen, was sie anzubieten haben. Mehr zufällig als langfristig geplant, hat sich Saarbrücken damit eine bürgernahe und zugleich touristische Attraktion erschlossen.

Saar-Spektakel

66111 Saarbrücken
www.saarspektakel.de

Die Saarlandhalle

Eingang zur Saarlandhalle

Große Halle für große Auftritte

Saarlandhalle

An der Saarlandhalle 1
66113 Saarbrücken
Tel.: 0681 41800
www.ccsaar.de

Saarbrückens Rolle als Landeshauptstadt, der ortsansässige Saarländische Rundfunk, die zentrale Lage der Stadt im Saar-Lor-Lux-Raum und die traditionelle Freude der Saarländer am Feiern waren der Anlass, dass außer der Congresshalle in Saarbrücken ein weiteres großes Hallengebäude errichtet wurde: die Saarlandhalle, die Platz für bis zu 5.000 Besucher bietet. Sie dient als Ort für Großveranstaltungen, Konzerte, Sportevents, Ausstellungen und Fachmessen. Auch für Tagungen im kleinen Kreis stehen geeignete Räume zur Verfügung. Bekannte Musikgruppen und Sänger wie Udo Jürgens sind dort aufgetreten. Insgesamt 12-mal war sie Austragungsort der beliebten Sendung „Wetten, dass?", zuletzt 1999 mit Michael Jackson als Stargast. Auch Kongresse und Parteitage fanden hier statt, so 1973 der Parteitag der CDU, auf dem Helmut Kohl erstmals zum 1. Vorsitzenden gewählt wurde.

Die Saarlandhalle wurde 1967 errichtet. Sie liegt im Saarbrücker Stadtteil Malstatt und ist über die Autobahnen A 1, A 620 und A 623 leicht zu erreichen. Nach Expertenmeinung entspricht sie nicht mehr den Anforderungen, die heute an fernsehtaugliche Großveranstaltungen gestellt werden. Ähnlich dem unmittelbar anliegenden Fußballstadion „Ludwigspark" soll sie deshalb bald in neuem Glanz erstrahlen und dann eine Besucherkapazität von 8.500 Zuschauern aufweisen.

Auch Michael Jackson war Stargast.

Software-Forschungszentrum

Gründerzentrum auf dem InnovationsCampus

Planen für die Zukunft

25

InnovationsCampus Saar

Innovationsring
66115 Saarbrücken
Tel.: 0681 8575102
www.innovationscampussaar.de

In Saarbrücken zeigt sich besonders deutlich, wie sich in den vergangenen Jahren die Wirtschaftsstruktur Deutschlands verändert hat. Die früher vorherrschenden Unternehmensbereiche Bergbau und Stahlindustrie, die viele tausend Menschen beschäftigten, sind ganz weggefallen oder sehr stark reduziert. Die Zukunft wird bestimmt durch neue Erfindungen, Technologien und Materialien, durch Digitalisierung und Automatisierung. Dem hat die Stadt Saarbrücken u. a. dadurch Rechnung getragen, dass sie im Stadtteil Burbach, auf dem Gelände einer ehemaligen metallverarbeitenden Fabrik, ein Innovationscampus eingerichtet hat, in dem zukunftsträchtige Unternehmen und Ideenschmieden sich gründen und entfalten, tüfteln und forschen sollen.

Die Zukunft wird bestimmt durch neue Erfindungen.

1984 wurde das Projekt „Innovations- und Technologiezentrum" ins Leben gerufen. Sechs Jahre später hatten sich schon 38 Unternehmen, davon 24 Neugründungen, auf dem Campus angesiedelt. Im Lauf der Jahre ließen sich in dem seit 2002 „IT-Park Saarland" genannten Gelände neben reinen IT-Firmen auch immer mehr Hightechfirmen und Dienstleister in den Bereichen Maschinenbau, regenerative Energien, Kommunikationstechnologien usw. nieder: Als Ausdruck dieser Entwicklung erfolgte im Jahr 2015 erneut eine Umbenennung. Auf der seitdem „InnovationsCampus Saar" genannten Fläche haben heute über 65 Unternehmen mit rund 1.200 Beschäftigten ihren Standort, darunter die weltweit tätige Software-AG und seit 2009 auch der große Technologiekonzern Siemens.

Ehemaliges Schlafhaus in Von der Heydt

Stolleneingang in Von der Heydt

Typische Bergmannssiedlung

26

Von-der-Heydt

66115 Saarbrücken

Von den zahlreichen saarländischen Kohlegruben befanden sich vier im heutigen Gebiet der Stadt Saarbrücken: Hirschbach, Camphausen, Jägersfreude und Von der Heydt. Bis zu 2.770 Männer – nur sie durften unter Tage einfahren – arbeiteten auf der Grube „Von der Heydt", einem Ortsteil von Saarbrücken-Burbach. Ihren Namen haben die Grube und die dazu gehörende Siedlung von dem Bankier und Politiker August von der Heydt (1801–1874), der von 1848 bis 1862 preußischer Minister für Handel, Gewerbe und öffentliche Arbeiten war. Er hatte sich für die Errichtung der Grube im Jahr 1850 engagiert und veranlasst, dass sie ans öffentliche Eisenbahnnetz angeschlossen wurde. 1965 wurde die Grube endgültig geschlossen. Erhalten sind noch die Reste eines ehemaligen Eingangsstollens und eines weiteren, der daran erinnern soll, aber nur als Eingang zu einem Bierkeller diente.

Die Bergleute kamen zum großen Teil von weit her, die Verkehrsverbindungen zu ihren Heimatdörfern waren schlecht. Viele kamen zu Fuß. Sie wurden im Volksmund „Hartfüßer" genannt, weil ihre Füße sich auf Grund der langen An- und Abmärsche verhärtet hatten. Für sie wurden im Umfeld der Bergwerke Schlafhäuser errichtet, in denen sie während ihrer Arbeitstage übernachten konnten. Zu den Schlafhäusern gehörte unbedingt auch die „Kaffeeküche", eine Kantine, in der auch Dinge des täglichen Bedarfs gehandelt wurden. Es entwickelte sich eine typische Bergmannssiedlung, die heute unter Denkmalschutz steht.

Es entwickelte sich eine typische Bergmannssiedlung.

Die Tabaksmühle am Tabaksweiher

Biergarten vor der Tabaksmühle

Gastliche Mühle am Weiher

27

Historische Tabaksmühle

Julius-Kiefer-Straße 146
66119 Saarbrücken
Tel.: 0681 9851930
www.tabaksmuehle.de

„Typisch Saarländisch" lesen wir auf der Speisekarte und finden u. a. Hoorische, Gefillde, Lyoner am Spieß, Saarländische Kartoffelsuppe oder „Daarler Duett" (Wurst- und Rindfleischsalat). Die Fahrt zur Tabaksmühle lohnt sich für jeden, der nicht allzu weit und dennoch etwas abseits der City im Grünen gut essen und von einem gut geschulten freundlichen Personal bedient werden möchte. Neben den saarländischen Spezialitäten werden auch international bekannte Speisen und Getränke gereicht. Die Gaststätte liegt im Grünen am Verteilerkreisel nach St. Arnual und zu den Winterbergkliniken. Bei schönem Wetter genießt man das gute Essen draußen auf der Terrasse, unmittelbar vor dem idyllischen Tabaksweiher.

Die „Mühle" an dem kleinen Weiher besteht seit 1831. Bis zum Jahr 1860 diente sie der Herstellung von Schnupftabak. Das war zu dieser Zeit ein bedeutsames Handwerk und im Saarland ganz besonders gefragt. Den saarländischen Bergleuten war es nämlich aus Sicherheitsgründen streng untersagt, unter Tage Feuer anzuzünden und zu rauchen. Also befriedigten sie während der Arbeit ihr Bedürfnis nach Nikotin, indem sie Tabak schnupften oder kauten. Das bei der Tabaksmühle verbliebene Mühlrad ist bis heute Zeugnis jener Zeit.

Saarländische Spezialitäten serviert in grüner Idylle

Nach dem Ersten Weltkrieg wurde die Tabaksmühle zur Ausflugsgaststätte umgestaltet. Seit 1998 ist sie an die Saarbrücker Brauer-Familie Bruch verpachtet. Die seit 1702 bestehende Brauerei Bruch ist die einzige noch produzierende Privatbrauerei in Saarbrücken.

Skizze eines Lothringer Bauernhauses

Prinzipskizze - Ansicht Lothringerhaus

Lothringer Häuser

Lothringer Landhaus-Stil

St. Arnualer Markt
66119 Saarbrücken

Die Lothringer Bauernhäuser um den Markt von St. Arnual erinnern daran, dass dieser heutige Stadtteil von Saarbrücken bis nach den Napoleonischen Kriegen zum Bistum Metz bzw. zu Lothringen gehörte. Errichtet wurden diese Bauten in der Zeit vom 17. bis zum 19, Jahrhundert. Einzelne Häuser in dieser Bauart findet man an mehreren Orten im westlichen Saarland, doch um den St. Arnualer Markt trifft man sie nebeneinandergereiht. Hier bestimmen sie das Bild des Ortes, geben ihm ein bemerkenswertes Flair und tragen dazu bei, dass man von einem „Dorf in der Stadt" spricht.

Typisch für den Lothringer Landhausstil ist die Vereinigung von Wohn- und Wirtschaftsteil unter einem Dach. Der Wirtschaftsteil, in ländlichen Gegenden bestehend aus Stall und Scheune, war durch ein großes, oben abgerundetes Scheunentor zugänglich. In den heute nicht mehr landwirtschaftlich oder handwerklich genutzten Häusern befinden sich in diesen Gebäudeteilen oft die Garagen. Das Dach weist meist eine flache Neigung auf und ist mit Hohlziegeln gedeckt. Die Tür- und Fensterumrahmungen bestehen aus Sand- oder Kalkstein und heben sich durch besondere Färbung oder ein eigenes Profil von der Hauswand ab. Die Fenster sind meistens mit Holzklappläden ausgestattet. Klappläden und Türen sind typischerweise in dunkelgrüner Farbe gestrichen. Zum Lothringer Haus gehört in der Regel ein Garten, in dem Kräuter, Gemüse und Blumen gepflanzt werden.

… weshalb man von einem Dorf in der Stadt spricht.

„E.T." in der Stiftskirche

E.T. in Saarbrücken

Stiftskirche St. Arnual

St. Arnualer Markt
66119 Saarbrücken
Tel.: 0681 9850505

Ein besonderer Blickfang befindet sich in der Stiftskirche im Saarbrücker Stadtteil St. Arnual. Sie war vom 15. bis zum 17. Jahrhundert die Grablege der Grafen von Saarbrücken. Am Wandgrab des 1622 verstorbenen Hofbeamten Johann Nikolaus von Hagen zur Motten und seiner Gemahlin fällt das in Stein gehauene Bildnis eines Wesens auf, das der Figur des durch den gleichnamigen Film weltberühmten Außerirdischen E.T. verblüffend ähnlich sieht. Da stellt sich die Frage: Wen stellt das Relief dar?

In Chroniken ist nichts darüber ausgesagt, und Historiker, die wir befragten, wussten auch keine Antwort. Die Figur ist ungewöhnlich. Wie ein menschliches Wesen sieht sie nicht aus. Da sie unterhalb des Edelmannes und seiner Frau angebracht ist, könnte es sich um ein Haustier handeln. Doch auch keinem der uns bekannten Tiere sieht das Relief ähnlich. Wie auch hätte das Tier eines Beamten Zugang zu einer Grabstätte finden können, die nur für hohe Adelige vorgesehen war? Andererseits gibt es in vielen Kirchen Darstellungen von wilden Tieren, denen zumeist eine symbolische Bedeutung zugeschrieben wird. So steht der Löwe oft für Christus, andere Tiere symbolisieren den Teufel oder auch allgemein den Menschen. Wofür nun unser „E.T." steht, bleibt unklar, aber beziehen wir uns doch einfach auf die Gestalt des kleinen Außerirdischen, der im Film von Steven Spielberg für Trennung, Trauer, Verletzlichkeit, Trost und Mitgefühl steht. So passt E.T. auch in die Kirche.

Ein Außerirdischer in der Kirche?

Traditioneller Austragungsort für Galopprennen …

… und Trabrennen

Aufgalopp in den Saarwiesen

Am Ostersonntag jeden Jahres startet in Saarbrücken traditionell die Saison für Liebhaber des Pferderennsports. Schon 1891 wurde in der Landeshauptstadt ein Pferderennclub gegründet. Im Jahr 1948 errichtete er in den Saar-Auen beim heutigen Stadtteil Güdingen eine Pferderennbahn. Sie zählt auch heute noch zu den wenigen etablierten Austragungsorten für Galopp- und Trabrennen im Südwesten. An vier Renntagen im Jahr, die traditionell zu Ostern, Pfingsten, Mariä Himmelfahrt und Ende September/Anfang Oktober ausgetragen werden, wird die Rennbahn zum Tummelplatz für Pferdebegeisterte und Wettfreunde, aber auch für Familien und Kinder, für die an manchen Renntagen ein attraktives Extra-Programm angeboten wird. Leidenschaft für schnelle Pferde zieht zu jedem Renntag zehntausende Besucher an. Wettfreunde können schon ab 50 Cent Einsatz ihr Glück probieren. Wer weniger direkten Bezug zu diesem Sport hat, denkt vielleicht beim Stichwort Pferderennen erst einmal an „Ascot" und stellt sich vor allem aristokratisch-snobistische Besucher vor, festzumachen u. a. an der modisch-passenden Kleidung, besonders auch an den ausladenden Hüten der weiblichen Renngäste. In Saarbrücken ist man da aber sehr tolerant. Jeder trägt, was ihm gefällt, und jeder isst und trinkt, was er mag. Champagner und exquisite Speisen werden ebenso angeboten wie Bier und Rostwurst. Der Rennclub Saarbrücken ist bemüht, ein „Schmelztiegel des Geschmacks und der gesellschaftlichen Etikette" zu sein.

Rennbahn Saarbrücken-Güdingen

Großblittersdorfer Straße 329
66130 Saarbrücken-Güdingen
Tel.: 0681 761930
www.rennclub-saarbruecken.de

Leidenschaft für schnelle Pferde

Titelblatt der Saarbrücker Zeitung

Saarbrücker Zeitung

GEGRÜNDET 1761 | SA/SO, 14./15. JULI 2018 | WWW.SAARBRUECKER-ZEITUNG.I

Weitere Hilfsaktionen nach Unwetter in Kleinblittersdorf
Lokalteil Saarbrücken > Seite C3

Ronaldos Wechsel löst Streik bei Fiat aus
Panorama > Seite D 6

Was ein Syrer im Saarland über Flüchtlinge denkt
Standpunkt > Seite A 4

Baby-Boom im Saarland hält an

Hierzulande kommen mehr Kinder zur Welt. Doch in ganz Deutschland sterben mehr Menschen als geboren werden.

VON FATIMA ABBAS

SAARBRÜCKEN/WIESBADEN (SZ/dpa) Die Zahl der Geburten ist im Saarland entgegen dem bundesweiten Trend erneut leicht gestiegen. Im vergangenen Jahr wurden hierzulande 8315 Kinder geboren – 100 Kinder mehr als 2016. Verglichen mit dem 792 000 Neugeborene gezählt. Zugleich stieg in allen Bundesländern die Zahl der Sterbefälle um 2,4 Prozent auf 933 000. Im Saarland starben im vergangenen Jahr 13 280 Menschen. Das waren drei Prozent mehr als 2016. Seit 1972 sterben in Deutschland jedes Jahr mehr Menschen, als Kinder geboren werden.

„Generell sollte man auch in den kommenden Jahren mit einem Geburtenrückgang rechnen", sagt Mathias Lerch vom Max-Planck-Institut für Demografische Forschung. Anfang der 2000er habe es noch einen Anstieg der Fruchtbarkeitsziffer (Kinder pro Frau) gegeben, weil viele Frauen in den 90ern die Geburt ihres ersten Kindes aufgeschoben

Bevölkerung im Saarland

Geburten | Sterbefälle

14000
10500
7000
8215
12897
8315
13280

Die Queen geht voran, die Trumps müssen folgen

Queen Elizabeth II. hat US-Präsident Donald Trump und First Lady Melania auf Schloss Windsor empfangen. Die 92 Jahre alte Monarchin begrüßte die beiden am späten Freitagnachmittag mit militärischen Ehren im Innenhof des Palasts. Die Queen lächelte, als sie dem US-Präsidenten und seiner Frau die Hände schüttelte. Ob der Königin aber wirklich nach Lächeln zumute war? Trump hatte schließlich zum Auftakt seines Großbritannien-Besuchs einen diplomatischen Eklat verursacht, indem er Premierministerin Theresa May bei ihrer Brexit-Politik in den Rücken fiel. **> Seite A 2** FOTO: STANSALL/AFP

HEUTE MIT
SZ-Extra Momente, Motor, Reise und Beru

SCHNELLE SZ

POLITIK

Bütikofer warnt vor chinesischen Tricksereien

Zwischen den USA und China eskaliert der Handelsstreit. Nähert sic die Volksrepublik nun der EU an? De grüne EU-Politiker Reinhard Bütiko fer warnt die Europäer vor zu große Nähe zu China. **> Seite A 5**

WIRTSCHAFT

NGG fordert 200 Euro mehr im Gastgewerbe

Die Gewerkschaft NGG will in d Tarifrunde mehr Geld für die 15 0 Beschäftigten im saarländisch Gastgewerbe durchsetzen. Sie fo dert eine Erhöhung des Mona lohns um 200 Euro. **> Seite A 7**

SAARLAND/REGION

Junge Ideen zur Erneuerung der SPD

Verlagsgebäude der Saarbrücker Zeitung

Vertraute Nachrichtenquelle

Saarbrücker Zeitung, Verlag und Druckerei GmbH

Gutenbergstraße 11–23
66103 Saarbrücken
Tel.: 0681 5020
www.saarbruecker-zeitung.de

„Die wird auch noch gelesen, wenn sie auf Chinesisch erscheint", pflegte ein hoher Beamter des saarländischen Landtags über die „Saarbrücker Zeitung" zu sagen. Er meinte damit, dass die Zeitung unbedingt zum Leben der Saarbrücker und Saarländer dazugehört. Tatsächlich hat die „SZ" viel zur Identität und zum Wir-Bewusstsein des erst 1947 in seinen heutigen Grenzen entstandenen Saarlands und seiner Bewohner beigetragen. Wie schon erläutert, sind die Saarländer harmoniebedürftig, nachbarschaftsbezogen und neugierig. Dabei verlassen sie sich gerne auf die ihnen vertrauten Quellen.

Gegründet wurde die Saarbrücker Zeitung 1761 auf Veranlassung des Fürsten Wilhelm Heinrich als „Nassau-Saarbrückisches Wochenblatt". Seine Aufgabe war es, regierungsamtliche Nachrichten und Verlautbarungen zu veröffentlichen. Um das Blatt für den Leser interessant zu machen, wurden regelmäßig auch Tabellen mit aktuellen Marktpreisen publiziert. In den folgenden Jahrzehnten erlebte die Zeitung parallel zur politischen Entwicklung Saarbrückens eine wechselvolle Geschichte und mehrere Namensänderungen. Im Jahr 1861 und wiederum seit 1946 erhielt sie ihren heutigen Namen. Heute ist die Saarbrücker Zeitung zusammen mit dem ihr zugehörigen Pfälzischen Merkur die einzige Tageszeitung im Saarland. Haupteigentümerin ist seit 2013 die Rheinische Post Mediengruppe mit Sitz in Düsseldorf. Deren wichtigster Gründer war 1946 der aus dem Saarland stammende Anton Betz.

Diese Zeitung hat viel zur Identität und zum Wir-Bewusstsein der Saarländer beigetragen.

Spielschiff im Calypso-Erlebnisbad

Calypso Erlebnisbad am Abend

Spiel,Spaß und Erholung im Wasser

32

Bade-, Sauna- & Wellnessparadies Calypso

Deutschmühlental 7
66117 Saarbrücken
Tel.: 0681 5881770
www.erlebnisbad-calypso.de

Nicht weit von der Saarbrücker Stadtautobahn und knapp drei Kilometer entfernt von der deutsch-französischen Grenze ist ein Bade-, Sauna- und Wellness-Zentrum entstanden, das Besucher aus dem Saarland, aus Lothringen und Luxemburg an diesen Ort zieht. Das Calypso-Erlebnisbad gehört zu den attraktivsten Badelandschaften in Deutschland und bietet ein vielfältiges Programm für Freizeit, Erholung, Fitness und Sport. Es liegt unmittelbar neben dem Deutsch-Französischen Garten. Das Gelände um das Bad ist ausreichend mit Parkplätzen bestückt. Das Calypso bietet sogar Abstellplätze für Camping-Wohnwagen an, damit deren Besitzer vor Ort wohnen und zugleich die Badelandschaft nutzen können.

Der Innenbereich ist vielfältig ausgestaltet. Es gibt u.a. einen Whirlpool, einen Strömungskanal, ein Sportbad mit Schnorchelriff und einer Wassertiefe von 3,60 Metern, mehrere abenteuerliche Rutschen sowie ein Kinderschwimmbecken mit einem Piratenschiff. Darüber hinaus findet man mehrere Solarien und nicht zuletzt eine vielgestaltige Saunalandschaft. Zwischen alldem befinden sich Ruheplätze und ein Restaurant. An die Geschichte Saarbrückens will eine neue „unter Tage" errichtete „Stollensauna" anknüpfen. Hier können sich die Besucher wie in einem der Saarbrücker Bergwerke fühlen, die inzwischen alle geschlossen sind.

Das Calypso gehört zu den attraktivsten Badelandschaften in Deutschland.

Das Calypso Erlebnisbad steht im Eigentum einer Tochtergesellschaft der Stadt Saarbrücken und wird von einer Gesellschaft betrieben, die international viele Bäderprojekte unterhält.

Kleinbahn im Deutsch-Französischen Garten

Wasserorgel und Musikmuschel im Deutsch-Französischen Garten

Deutsch-französische Begegnungen

Deutsch-Französischer Garten

Deutschmühlental
66117 Saarbrücken
Tel.: 0681 9052159
www.saarbruecken.de/dfg

Am Rande von Alt-Saarbrücken, nur knapp drei Kilometer entfernt von der Grenze zur französischen Region Lothringen, liegt der Deutsch-Französische Garten. Er ist das Werk deutscher und französischer Architekten und Gärtner und wurde 1960 von Bundeskanzler Konrad Adenauer und dem französischen Ministerpräsidenten Michel Debré als länderverbindende gemeinsame Gartenschau eingeweiht. Die Anlage soll deutsch-französischen Begegnungen dienen und ist ein Freizeit- und Erholungspark par excellence. Das 50 Hektar große Gelände hat vieles zu bieten: eine reichhaltige Pflanzen- und Vogelwelt, einen Weiher, den man mit Tretbooten befahren kann und auf dem in regelmäßigen Abständen eine imposante Wasserorgel in Aktion tritt. Ein Pavillon für musikalische und andere Open-Air-Veranstaltungen schließt sich an. Durch bzw. über das Areal führen eine Klein- und eine Seilbahn und bieten Aussichten auf Park-, Blumen- und Gartenanlagen, den Weiher und die ihn umgebende Flora und Fauna.

Garten der freundschaftlichen Begegnung

Integriert in das Gelände ist auch ein eindrucksvoller Ehrenfriedhof, auf dem Beteiligte der deutsch-französischen Schlacht von Spichern ihre letzte Ruhe gefunden haben. Im Parkgelände befinden sich ein Café und unmittelbar an das Areal angrenzend ein Vier-Sterne-Hotel sowie die Saarländische Spielbank. Friedhof und Hotel werden auf den Seiten 141 und 144 vorgestellt. Außer zu besonderen Veranstaltungen ist der Besuch des Deutsch-Französischen Gartens gebührenfrei.

Eingang zum Israelitischen Friedhof

Grabanlage auf dem Israelitischen Friedhof

Stiller Ort der Nachdenklichkeit

Neuer Jüdischer Friedhof

Zum Zollstock
66117 Saarbrücken

Bis zur Verfolgung durch die Nationalsozialisten lebten über 2.000 Juden in Saarbrücken. Sie bildeten eine Synagogengemeinde und errichteten im Jahr 1920 den „Israelitischen Friedhof". Er liegt am Beginn der Auffahrt von der „Goldenen Bremm" zu den Spicherer Höhen rechter Hand an einer Seitenstraße.

Die Gräber sind mit Symbolen jüdischen Glaubens verziert. Auf mehreren Grabplatten findet man kleine Steine abgelegt. Im Herkunftsland der Juden, in Israel, sind die Steine eine übliche Trauerbekundung. Blumenschmuck würde sich in einem heißen Klima nicht lange halten. Unter den Toten sind bekannte Saarbrücker Persönlichkeiten. Sie alle trugen nicht unerheblich zur kulturellen und wirtschaftlichen Entwicklung der Stadt bei.

„Wir rollen einem unbekannten Ziel entgegen."

An der Mauer neben dem Eingang zum Friedhof ist nahezu unauffällig eine kleine Messingplatte angebracht. Auf ihr ist ein Brief wiedergegeben, den eine verschleppte jüdische Mutter auf dem Weg zum Konzentrationslager aus einem Viehwaggon ins Freie geworfen hat. Darin heißt es:

„Liebe Sarah, liebe Susanne, in diesem Augenblick bin ich in einem Viehwaggon, und wir rollen einem unbekannten Ziel entgegen … Ihr könnt Euch bestimmt vorstellen, wie schmerzhaft es für mich ist, von meinen drei Kindern getrennt zu sein. Nicht einmal Tiere hätte man so behandelt wie uns. Wahrscheinlich wird es eine sehr lange Reise …"

Das schlichte Dokument mahnt, dass sich eine Barbarei wie der Holocaust nie mehr wiederholen darf.

Mahnmal auf den Spicherer Höhen

Amerikanischer Panzer aus dem Zweiten Weltkrieg

Schlachtfeld vor der Stadt

35

Schlachtfeld Spichern

57350 Spicheren
Frankreich

Heute ist es eine Mahnstätte für den Frieden und die deutsch-französische Freundschaft. Am 6. August 1870 aber fand hier ein Kampf statt, der als „Schlacht von Spichern" in die Geschichte des Deutsch-Französischen Krieges von 1870/71 einging. Von Saarbrücken kommend, erstürmten preußische Soldaten die Höhen von Spichern, einem lothringischen Dorf, das oberhalb von Saarbrücken liegt. Die Höhen wurden von französischen Truppen gehalten. Die waren den Preußen eigentlich überlegen, doch aufgrund einiger Verwicklungen endete die Schlacht mit einem deutschen Sieg. Innerhalb weniger Stunden starben fast 1.200 Soldaten und mehr als 5.500 wurden verwundet. Unter den Gefallenen war auch der preußische Generalmajor Bruno von François. Trotz seines französischen Namens trat er als strammer Preuße hervor. Nachdem er von fünf feindlichen Kugeln getroffen im Sterben lag, ordnete er an, dass ihm sein Orden „Pour le Merite" vom Hals genommen und dem Preußenkönig zurückgegeben werde. Seine letzten Worte waren: „Es ist ein schöner Tod auf dem Schlachtfeld. Ich sterbe gern, da das Gefecht vorwärtsgeht."

Heute ein Mahnmal für Frieden und die deutsch-französische Freundschaft.

Dennoch hatte die Schlacht von Spichern keinen entscheidenden Anteil am Kriegsverlauf. Im Gegenteil bezeichneten ihn der preußische Generalstab sowie spätere Militärhistoriker als operativen und taktischen Fehlschlag und als die größte Katastrophe des Feldzugs von 1870/71. Im 2. Weltkrieg wurde wieder in Spichern gekämpft. Daran erinnert ein am Rande des Dorfes ausgestellter amerikanischer Panzer.

Mahnstätte Neue Bremm – Im Hintergrund Gedenkobelisk

Gedenktafeln an der Neuen Bremm

36

Gedenkstätte „Neue Bremm"

Gedenkstätte „Gestapo-Lager Neue Bremm"

Alstinger Weg
66117 Saarbrücken
Tel.: 01577 3921610
www.gestapo-lager-neue-bremm.de

Am liebsten hätten es die Saarbrücker aus ihrer Geschichte verdrängt. Doch in ihrem Stadtgebiet „Neue Bremm", unmittelbar an der Hauptstraße, die nach Metz und Paris führt, befand sich in den Jahren 1943/44 ein Gefangenenlager, in dem grausam gefoltert und gemordet wurde. Das Lager wurde von der Geheimen Staatspolizei (Gestapo) geführt. Insgesamt 20.000 Menschen wurden dort eingeliefert bzw. durchgeschleust.
In den Jahren 1940 bis 1943 war es zunächst ein Arbeitslager, in dem Fremd- und Zwangsarbeiter untergebracht waren. 1943 bis zum Winter 1944/45 diente es dann auch als „Durchgangslager" zu den Konzentrationslagern in Struthof (Elsass), Dachau, Buchenwald, Mauthausen, Ravensbrück u.a. Die Häftlinge kamen aus Frankreich, Polen, England und der Sowjetunion. Nebeneinander existierten ein Lager für Frauen und zwei für Männer. Die Gefangenen wurden systematisch gedemütigt und sadistisch gequält. Mehrere Hundert wurden ermordet. Der Lagerleiter Fritz Schmoll, der später vor Gericht behauptete, nur ein reiner Verwalter gewesen zu sein, ordnete an, dass die Hinrichtungen vor den Augen aller Lagerinsassen zu erfolgen hatten.

Erinnerung an die „Opfer der nationalsozialistischen Barbarei"

Im Frauenlager wurde auch die französische Widerstandskämpferin Yvonne Bermann inhaftiert. Ihr wird symbolisch besonders gedacht. Gedenksteine, Gedenktafeln und ein Obelisk halten die Erinnerung an die „Opfer der nationalsozialistischen Barbarei" aufrecht. Nach dem Krieg wurden 36 der Wärter angeklagt, 14 von ihnen hingerichtet. Reue zeigte keiner.

Ältestes Gebäude der Landeshauptstadt

37

Deutschherren-kapelle

Pfählerstraße 2
66117 Saarbrücken
Tel.: 0681 52678
www.sanktjakob.de

Die Deutschherrenkapelle im Saarbrücker Stadtteil Alt-Saarbrücken ist das älteste noch erhaltene Bauwerk der Stadt. Sie wurde um das Jahr 1235 als Teil der Kommende St. Elisabeth errichtet. Als Kommenden wurden die untersten Verwaltungseinheiten im Herrschaftsbereich des Deutschen Ordens, auch Deutschherrenorden genannt, bezeichnet. Der im Jahr 1190 während des Dritten Kreuzzugs in Akkon gegründete Deutsche Orden ist wie die Malteser oder Johanniter vom Ursprung her ein karitativer kirchlicher Ritterorden. Er tat sich später besonders in der deutschen Ostkolonisation hervor und errichtete im Baltikum den Deutschordensstaat. Durch Stiftungen, Schenkungen und Erbschaften gelangte der Orden zu großem Vermögen. Er gründete in Mitteleuropa viele Niederlassungen, die er in regionale Verwaltungseinheiten, Balleis genannt, zusammenfasste. Die Kommende St. Elisabeth gehörte zur Ballei Lothringen. Sie wurde vom Saarbrücker Grafen Simon III. gestiftet. Der hatte 1217 bis 1219 am Fünften Kreuzzug teilgenommen und soll sich mit der Stiftung beim Deutschen Orden bedankt haben, der zu dieser Zeit im Orient Pilger, Reisende und Kreuzfahrer betreute.

Kirche, Krankenpflegestätte, Herberge, Gerichtssitz und Gefängnis

Die Saarbrücker Kommende war Herberge, geistlicher Stützpunkt, Gerichtssitz und Gefängnis. Die Kapelle diente zugleich als Kirche und Krankenpflegestätte. Nach der Französischen Revolution wurde das Anwesen säkularisiert und von der Stadt Saarbrücken ersteigert. Heute betreibt die Stadt auf dem Gelände ein bekanntes Jugendhilfezentrum.

Das blaue Pferdchen von Franz Marc

Historisches Museum Saar

Blaues Pferd und Keltenschmuck

38

Saarbrücken ist auch eine Stadt der Museen und Galerien. Vorweg ist das Saarlandmuseum – Moderne Galerie zu nennen. Es wird von der „Stiftung Saarländischer Kulturbesitz" betrieben. Hier findet man bedeutende Werke der bildenden Kunst aus dem 19. bis 21. Jahrhundert, vom Impressionismus bis zur Gegenwart. Das Museum verwaltet einen markanten Teil des Erbes von Alexander Archipenko, einem Wegbereiter der modernen Bildhauerei, und besitzt viele Werke der Berliner Secession, des deutschen Impressionismus, der École de Paris und der Informellen Kunst (art informel). Der langjährige Direktor des Saarlandmuseums, Rudolf Bornschein, war einer der bedeutendsten Sammler zeitgenössischer Kunst.

Als weitere Attraktion ist das Museum für Vor- und Frühgeschichte zu nennen. Es ist im ehemaligen Kreisständehaus am Schlossplatz untergebracht. Das Museum präsentiert archäologische Fundstücke von der Stein- bis zur Frankenzeit, u. a. Grabbeilagen, Gefäße, Werkzeuge, Münzen, Schmuck. In einer eigenen Abteilung sind Werke von internationalen und regionalen Künstlern des 16. bis 19. Jahrhundert ausgestellt. Unmittelbar neben dem Schlossgebäude befindet sich der Eingang zum Historischen Museum Saar. Der größte Teil dieses 1993 nach Plänen von Gottfried Böhm errichteten Gebäudes ist unterirdisch unter dem Schlossplatz angelegt. In mehreren Abteilungen werden hier die Geschichte der vergangenen 150 Jahre veranschaulicht und auch ausgegrabene Burganlagen gezeigt. Hoch sehenswert!

Saarländischer Kulturbesitz, der keinen Vergleich scheut

Stiftung Saarländischer Kulturbesitz: Saarlandmuseum, Moderne Galerie

Bismarckstraße 11–19
66111 Saarbrücken
Tel.: 0681 99640
www.kulturbesitz.de

Museum für Vor- und Frühgeschichte

Schlossplatz 16
66119 Saarbrücken
Tel.: 0681 954050

Historisches Museum Saar

Schlossplatz 15
66119 Saarbrücken
Tel.: 0681 5064506
www.historisches-museum.org

Haupttor der Universität

Institut auf dem Universitätscampus

Zentrum für Lehre und Forschung

39

Die heutige Saarbrücker Universität entstand 1947, als das Saarland ein teilautonomer Staat unter französischem Protektorat war und eine eigene Landesuniversität besitzen wollte. 1948 zog sie in die Räume eines früheren Kasernenkomplexes, der am Rande von Saarbrücken im St. Johanner Stadtwald gelegen war. Das führte dazu, dass die Uni von Anfang an den Charakter einer Campus-Universität hatte, mit einer für deutsche Universitäten seltenen Einheitlichkeit. Zusätzliche Attraktivität gewann die Uni durch ihre Proklamation als „Europäische Universität". 1951 wurde innerhalb der Juristischen Fakultät das „Europa-Institut" gegründet, an dem Abschlüsse in Europarecht erworben werden können.

Von Anfang an den Charakter einer Campus-Universität

An der Saarbrücker Universität lehrten bedeutende Persönlichkeiten wie die Juristen Maihofer und Hans Zacher, der Soziologe Dahrendorf und die Psychologin Margret Wintermantel.

Das Studienangebot konzentriert sich heute auf fünf Fakultäten, die allerdings nicht mehr streng klassisch angelegt sind, sondern integrative und vernetzte wissenschaftliche Programme verfolgen. In den Vordergrund rückten in den vergangenen Jahren immer mehr die neuen Technologien. Namhafte Forschungsinstitute sind in die Universität integriert bzw. ihr eng verbunden. Dazu gehören das Deutsche Forschungszentrum für künstliche Intelligenz, das Fraunhofer-Institut für zerstörungsfreie Prüfverfahren, das Leibniz-Institut für neue Materialien, das Fraunhofer-Institut für Biomedizinische Technik und das Software-Unternehmen Scheer.

Universität des Saarlandes

Campus Saarbrücken
66123 Saarbrücken
Tel.: 0681 3020
www.uni-saarland.de

Luchs im Wildpark

Ziegen im Wildpark

Luchs und Zicklein warten schon

Wildpark Saarbrücken

Meerwiesertal-
weg 140
66123 Saarbrücken
Tel.: 0681 9052316
www.saarbruecken.
de/wildpark

Im Stadtwald von St. Johann, links der Straße, die von der Innenstadt zur Universität führt, ist seit 1929 ein Wildpark angelegt. Er umfasst heute ein 17 Hektar großes Gelände und beherbergt über 20 verschiedene Tierarten. Dabei handelt es sich nur um Tiere, die in Mitteleuropa ihren natürlichen Lebensraum haben: Rot-, Dam- und Schwarzwild, Wisente, Wildkatzen, Luchse, Ziegen, Ponys, Mufflons und zahlreiche Vogelarten. Als wichtigste Aufgabe des Wildparks sieht es die Stadt Saarbrücken an, den Besuchern die Tiere vorzustellen, die mit ihnen den Lebensraum teilen, aber als scheue Wesen in freier Natur nur selten in Erscheinung treten. Dazu wurde auch eine eigene Wildpark-Akademie gegründet, in der das Leben und Verhalten unserer tierischen Nachbarn erforscht und bekannt gemacht wird. Regelmäßig finden fachkundige Führungen durch den Park statt. Beliebt bei Eltern und kleinen Kindern sind die an jedem Donnerstag durchgeführten Waldkrabbelgruppen. Hier geht es darum, die Kids mit ihrer natürlichen Umwelt, mit Walderde, Pflanzen, Moosen und natürlich auch den Tieren bekannt zu machen, die sie unter Anleitung auch streicheln und füttern dürfen. Eine weitere Attraktion ist das Ponyreiten. Vor Regen schützt ein größeres „Waldklassenzimmer". Mehrere ausgeschilderte Rundwege führen an den Gehegen vorbei, in denen die Tiere möglichst artgerecht gehalten werden. Gegen Hunger und Durst steht ein Pavillon-Restaurant bereit, an das unmittelbar auch ein Kinderspielplatz angeschlossen ist.

Begegnung mit Tieren, die mit uns den Lebensraum teilen, aber in freier Natur nur selten zu sehen sind.

Einfahrtstor zum Saarländischen Rundfunk

Rundfunkgebäude auf dem Halberg

Senden aus exponierter Lage

41

Saarländischer Rundfunk

Franz-Mai-Straße
66121 Saarbrücken
Tel.: 0681 6020
www.sr.de

Der Saarländische Rundfunk (SR) hat eine der schönsten Sendeanstalten in der ARD. Er besiedelt den Halberg, einen von Wald umgebenen, nicht weit von der Saarbrücker Innenstadt entfernten Hügel. Das darauf gelegene Schloss ist der Sitz des Intendanten und beherbergt ein anspruchsvolles Restaurant.
Der SR hat einen wesentlichen Beitrag zur saarländischen Identität geleistet. Das Gebiet des Saarlands hatte eine sehr wechselvolle Geschichte. 1789, im Jahr der Französischen Revolution, bestand es noch aus 18 verschiedenen Hoheitsgebieten. Es wurde zwischen Deutschland und Frankreich hin- und hergerissen, und erst seit 1947 existiert es in seinen heutigen Grenzen. Da war es hilfreich, dass der Saarbrücker Sender mit viel regionaler Berichterstattung, Heimat- und Mundartpflege ein saarländisches Wir-Gefühl wachsen ließ.

„Mir wisse, was gudd is." – Ein Rundfunk und das saarländische Wir-Gefühl

Auch die saarländischen Leitsprüche „Mir wisse, was gudd is" und „Hauptsach gudd gess" sind in diesem Umfeld entstanden. Durch bundesweit beliebte Musikshows, die Gründung der „Europawelle" und ein international geachtetes Rundfunk-Sinfonieorchester stärkte er zudem das saarländische Selbstbewusstsein.
Einige bekannte Namen sind aus dem SR hervorgegangen, so Werner Zimmer („Mister Sportschau"), Jan Hofer (Chefsprecher Tagesschau), Axel Buchholz, Peter Hahne, Dieter Thomas Heck und Manfred Sexauer (Moderatoren), Friedrich Nowottny (später WDR-Intendant), sowie Karl Ristenpart (Dirigent). Auch der Sänger Udo Jürgens verdankte dem SR einen nicht unerheblichen Teil seines Aufstiegs.

Mithras-Heiligtum auf dem Halberg

Mithras-Grotte

Heiligtum aus der Römerzeit

42

Halberg

66121 Saarbrücken
www.saarbruecken.de/tourismus/

Am Westhang des Halbergs befindet sich eines der 19 in Deutschland erhaltenen Heiligtümer des Gottes Mithras. Mithras war der Name eines alt-iranischen Sonnengottes. Er war das Vorbild für einen späteren griechisch-römischen Gott, der denselben Namen trug. Allerdings hatte sich im antiken Griechenland ein eigenständiger Mithras-Kult entwickelt, der von den Römern übernommen wurde. In den ihm geweihten griechisch-römischen Kultstätten ist Mithras als junger Mann abgebildet, der einen Stier besiegt bzw. in seiner Gewalt hält. In der antiken Mythologie war der Stier Sinnbild von Zeugungskraft sowie der Kraft des Himmels, der Sonne und der Gestirne. Der junge Mann trägt eine Toga und auf dem Kopf eine Phrygier-Mütze. Die phrygische Mütze war eine aus Wolle oder Leder bestehende Kopfbedeckung mit einem Zipfel, der in Richtung der Stirn zeigte.

Kraft des Himmels und der Lenden

Der Mithras-Kult war vor allem unter den römischen Legionären beliebt und verbreitet. Es war ein männlicher Kult. Frauen und Kinder waren nicht zugelassen. Gefeiert wurde in kleinen Räumen, die meist unterirdisch angelegt oder in Felsen eingeschlagen waren. Der größte erhaltene Mithras-Tempel fasste nicht mehr als 80 Menschen. Bei den Feierlichkeiten zu Ehren des Gottes wurden geheim gehaltene Rituale zelebriert. Die Mithras-Höhle am Halberg diente den Bewohnern der nahegelegenen römischen Niederlassungen als Kultstätte. Unterhalb des Halbergs befand sich ein römisches Kastell und auf dem gegenüberliegenden Saarufer eine gallorömische Siedlung.

Landung auf dem Flugfeld Ensheim

Luftaufnahme vom Flughafen Saarbrücken-Ensheim

In die Welt und zurück

43

Von Saarbrücken in die Welt und aus der Welt nach Saarbrücken. Seit 1928 besitzt die Stadt einen eigenen Flughafen. Ursprünglich lag er in den Saarwiesen bei St. Arnual. Dort waren spektakulär auch noch Zeppeline gelandet. Später wurde er auf eine Hochebene in der Nähe von Ensheim verlegt. Nach der Vereinigung des Saarlandes mit der Bundesrepublik Deutschland im Jahr 1957 wurde der Flughafen Ensheim einer der 16 Hauptflughäfen Deutschlands. Er verfügt über ein ein überschaubares Terminal und ist auf eine Kapazität von 700.000 Passagieren angelegt. In den letzten Jahren waren es jeweils knapp eine halbe Million. 25 Prozent davon kamen aus dem benachbarten Frankreich. Linienverbindungen bestehen nach Berlin, Hamburg und München. Zunehmend gewinnen Charterflüge an Bedeutung. Feriengebiete wie Mallorca, Gran Canaria, Kreta oder Antalya werden regelmäßig angeflogen. Im Umfeld des Flughafens haben sich namhafte Unternehmen des Verkehrsgewerbes angesiedelt.

Die Saarbrücker gelten als reiselustig, aber auch als sehr stark heimatverbunden.

Die Saarbrücker gelten als reiselustig, aber auch als sehr stark heimatverbunden. Abflug und Rückkehr sind gleich wichtig. Das Wort „daheim" bzw. „dehemm" gehört zu den meist gebrauchten. Unter den Unternehmern im wirtschaftlich boomenden Rhein-Main-Gebiet geht das Bonmot um: „Stelle keinen Saarländer ein, du kannst nie sicher sein, dass er nach dem Wochenende wiederkommt." Wer das verstehen will, ist eingeladen, ein Flugzeug in Richtung Saarbrücken zu besteigen und sich vor Ort zu überzeugen, woran das wohl liegen mag.

Flughafen Saarbrücken

Balthasar-Goldstein-Straße
66131 Saarbrücken
Tel.: 06893 830
www.flughafen-saarbruecken.de

Der Kaiser war wütend

Kaiser Friedrich I., genannt Barbarossa, (ca. 1122–1190) gab 1168 den Befehl, Saarbrücken – genauer gesagt die Burg auf dem Saarfelsen – und drei weitere Burgen zu zerstören.
In Saarbrücken herrschte von 1135 bis 1183 Graf Simon I. Seine Schwester Agnes war die zweite Frau des Vaters von Barbarossa und damit dessen Stiefmutter. Er verlangte von Simon treue Gefolgschaft. Der jedoch fühlte sich auch anderen Mitgliedern seiner Familie verbunden. Außerdem hatte er eigene Ambitionen und Besitzansprüche, die dem Kaiser zu weit gingen. **So „mahnte der ihn ab", indem er seine Burgen schleifen ließ.**

Kaiser Friedrich I. Barbarossa. Kupferstich von Christian Siedentopf

45

Flaniermeile in der Stadtmitte

Sie ist Saarbrückens Hauptstraße und verbindet den St. Johanner Markt in nördlicher Richtung mit der früheren Bergwerksdirektion und dem heutigen Europa-Einkaufszentrum. Von dort sind es dann in östlicher Richtung zum Hauptbahnhof und in westlicher zur Congresshalle nur wenige Schritte. Auf beiden Seiten der Straße reihen sich die bekanntesten und größten Geschäftshäuser der Stadt. Früher war die Bahnhofstraße eine Hauptverkehrsstraße, heute ist sie eine belebte Fußgängerzone und Flaniermeile. In der Straßenmitte befindet sich ein Freiluftcafé.

Bahnhofstraße

66111 Saarbrücken

Die Bahnhofstraße

46

Höchste Kaffeehauskultur

Confiserie
Café Schubert

Sulzbachstraße 2
66111 Saarbrücken
Tel.: 0681 35599
www.cafe-schubert.de

Das Café Schubert, im Zentrum Saarbrückens zwischen Bahnhof- und Kaiserstraße gelegen, **spielt auf dem Feld der europäischen Kaffeehauskultur in der Spitzenliga**. Das Angebot an Kuchen, Torten, Gebäck und Pralinen in Eigenherstellung ist kaum zu übertreffen. Die Gäste treffen ihre Auswahl an appetitlich hergerichteten gläsernen Theken und sitzen in gemütlichen Räumen oder bei schönem Wetter an der Straße vor dem Café. Eine aufmerksame Bedienung lässt nicht lange auf sich warten und berät den Gast, der sich in dem großen Sortiment nicht entscheiden kann. Das Lokal bietet auch Mittagsgerichte an.

Confiserie Cafè Schubert

Promenade längs der Saar

47

Die Berliner Promenade ist eine 600 Meter lange Geschäftspassage, die entlang des rechten Saarufers als Terrassensteg von der Wilhelm-Heinrich-Brücke zur Congresshalle führt. Sie wurde 1960 an der Stelle eines alten Promenadenstegs erbaut und erhielt ihren Namen nach dem Berliner Mauerbau 1961. Sie ist Fußgängerzone und lädt mit zahlreichen Geschäften, Cafés und Restaurants zum Promenieren und Rasten ein. Im Zuge von Sanierungsarbeiten wurde zudem eine große Stufenterrasse zum Saarufer hin angelegt, auf der man sich treffen, unterhalten und sonnen kann.

Berliner Promenade

66111 Saarbrücken

Berliner Promenade mit Ufertreppe

Technisches Denkmal an der Saar

Saarkran

66111 Saarbrücken

Ein Blickfang inmitten der Stadt ist der Alte Saarkran, ursprünglich „Saarkrahnen" genannt. Er ist eine Rekonstruktion des Hafenkrans, der 1761 nach Plänen von Friedrich Joachim Stengel in barockem Stil geschaffen wurde. Bis 1857 diente er dem Umladen von Waren, die über die Saar verschifft und auf Karren und Fuhrwerken herbei- oder abtransportiert wurden. Bis in die neuere Zeit war die Saar der wichtigste Verkehrsweg in Saarbücken. Die Handelsbeziehungen reichten saaraufwärts nach Lothringen und die Schweiz und saarabwärts über Mosel und Rhein bis zu den Niederlanden.

Der Saarkran in Saarbrücken

Der Kaiser musste warten

49

Über Jahrhunderte waren die heutigen Saarbrücker Stadtteile Alt-Saarbrücken und St. Johann nur durch eine Brücke, die noch aus der Römerzeit stammte, miteinander verbunden. Diese Brücke zerfiel, und als im Jahr 1521 der damalige Kaiser Karl V. auf der Rückreise vom Wormser Reichstag bei Hochwasser die Saar überqueren wollte, war ihm dies mehrere Tage lang nicht möglich. Graf Philipp II. von Nassau-Saarbrücken ließ darauf in den Jahren 1546/47 eine neue Brücke bauen, die heute den Namen „Alte Brücke" trägt und als reine Fußgängerbrücke dient. Von der Saar und ihren Ufern aus gesehen, ist sie ein Blickfang.

Alte Brücke

66111 Saarbrücken

www.saarbruecken.de/tourismus/sehenswertes/sehenswuerdigkeiten/alte_bruecke

Die Alte Brücke

Hohes Haus für ein kleines Land

Landtag des Saarlandes

Franz-Josef-Röder Straße 7
66119 Saarbrücken
Tel.: 0681 50020
www.landtag-saar.de

Sitz des saarländischen Landesparlaments ist ein Gebäude, das 1860 am linken Saarufer in unmittelbarer Nähe des Saarbrücker Schlosses entstand. Das Haus wurde mit Stilelementen des Klassizismus und des frühen Historismus errichtet, was ihm bis heute eine repräsentative Wirkung verleiht. Bauherr und erster Besitzer war die Saarbrücker Casinogesellschaft, eine 1798 gegründete Vereinigung von Saarbrücker Kaufleuten. In den folgenden Jahrzehnten wurde das Gebäude unterschiedlich genutzt. 1947, im Jahr der Gründung des heutigen Saarlandes, zog der neu gewählte saarländische Landtag dort ein.

Landtag des Saarlandes

Der Gott blieb der Gleiche

51

Friedenskirche Saarbrücken

Wilhelm-Heinrich-Straße
66117 Saarbrücken

An der nach ihrem Bauherrn Fürst Wilhelm Heinrich von Nassau-Saarbrücken benannten Wilhelm-Heinrich-Straße liegt die im barocken Stil erbaute Friedenskirche. Sie entstand nach Plänen von Friedrich Joachim Stengel und wurde durch Zuwendungen des Fürsten und mit Spenden aus England und Holland finanziert. Ursprünglich diente sie der Reformierten Gemeinde in Saarbrücken als Gotteshaus. Im Laufe ihrer Geschichte wurde die Kirche mehrfach umgewidmet. Im Zweiten Weltkrieg wurde sie völlig zerstört, 1961 bis 1966 nach Plänen Stengels rekonstruiert. Heute ist sie Pfarrkirche der Altkatholiken in Saarbrücken.

Barocke Friedenskirche

52 Ein Brunnen für die gute Königin

Luisenbrunnen

Altneugasse 24
66117 Saarbrücken

Nach den napoleonischen Kriegen fiel Saarbrücken 1814 an Preußen. Die Saarbrücker sahen sich als Deutsche, jedoch auch als Nachbarn der Franzosen. Hurra-Patriotismus oder „Gloria, Viktoria" aber war ihre Sache nicht. Deshalb gab es nur die notwendig geschuldeten Ehrerweisungen für Preußens Könige oder Generäle. Stattdessen huldigte ein Bürgerverein der „guten" Königin Luise, der Mutter Kaiser Wilhelms I. Nach ihr wurden ein ganzes Stadtviertel, eine Brücke und eine Straße benannt. **So auch ein Brunnen, der später mehrfach versetzt wurde und sich heute romantisch ins alte Altsaarbrücken einfügt.**

Luisenbrunnen

Kirche, Grablege und Museum

53

Am Fuß der Schlossanlage liegt die Schlosskirche. Sie hat eine bewegte Geschichte und wurde mehrmals zerstört. Der erste Kirchenbau, der an dieser Stelle errichtet wurde, datiert aus der Zeit der Stauferkaiser. Seit dem späten 18. Jahrhundert präsentiert sich die Kirche in neugotischem Stil und mit einem barocken Turm. 1325 reiste Graf Johann I. eigens zu Papst Johannes XXII. nach Avignon, um zu erreichen, dass in der Kirche die Sakramente gespendet werden durften. Von 1651 bis 1780 diente sie als Grablege für die Saarbrücker Grafenfamilien. Heute ist sie ein Museum für sakrale Kunst.

Schlosskirche Saarbrücken

Am Schlossberg 6
66119 Saarbrücken
Tel.: 0681 9964234
www.kulturbesitz.de/museen/saarland museum-museum-in-der-schlosskirche

Schlosskirche

54 Der geizige Bäcker

Der geizige Bäcker an der Schlossmauer

66119 Saarbrücken

An der Schlossmauer hängt eine steinerne Fratze, die der Sage nach einem Saarbrücker Bäcker nachgebildet ist. Von ihm heißt es, dass er extrem geizig und herzlos gewesen sei. Davon erfuhr die Gräfin. Sie verkleidete sich als arme Frau und bat den Bäcker vergeblich um ein Stück Brot. Da beschloss sie, ihn lächerlich zu machen. Sie ließ den Kopf des Mannes in Stein hauen und dabei seinen Charakter zum Ausdruck zu bringen. Das Ergebnis war eine steinerne Fratze, die viele Jahre zur Belustigung der Saarbrücker an der „Alten Brücke" als Wasserspeier diente und später an der Schlossmauer befestigt wurde.

Der geizige Bäcker

Ein Barockbau für die Bürger

55

Am Saarbrücker Schlossplatz, in direkter Linie gegenüber dem Schlosseingang, liegt das „Alte Rathaus". Das 1748 bis 1750 nach Plänen von F. J. Stengel geschaffene Barockgebäude war bis 1909 das Rathaus von Saarbrücken. Danach übernahm es andere Funktionen. Im 2. Weltkrieg wurde es zerstört und ab 1947 wiederaufgebaut. Seitdem dient es als Verwaltungsgebäude für den Regionalverband Saarbrücken sowie die Volkshochschule. Bis 2004 hatte dort der international auftretende Artist und Weltenbummler Heinz „Rox" Schulz seine Sammlung von Schrumpfköpfen, Mumien, Faustkeilen und anderen exotischen Dingen ausgestellt.

Altes Rathaus

Schlossplatz 2
66119 Saarbrücken

Das Alte Rathaus

56 Herzstück von Wirtschaft und Arbeit

Alte Bergwerksdirektion – Europa-Galerie

Trierer Straße 1
66111 Saarbrücken

Der Kohlebergbau hat das Saarland über Jahrhunderte geprägt. Im Land existierten über 30 Kohlegruben. Mitte des letzten Jahrhunderts waren noch 65.000 Menschen im Bergbau beschäftigt. „Der Bergbau ist ein sicheres Stück Brot“, pflegte man im Land zu sagen. Für die Verwaltung der Gruben war die Bergwerksdirektion in Saarbrücken zuständig. Vom Direktionsgebäude in der Nähe des Hauptbahnhofs aus agierte sie, bis im Jahr 2012 das letzte Bergwerk geschlossen wurde. Die eindrucksvolle Fassade blieb, das denkmalgeschützte Gebäude wurde zum Einkaufszentrum „Europa-Galerie“ umgebaut.

Alte Bergwerksdirektion – heute Europa-Galerie

Kommunales Dilemma

57

Am Saarbrücker Beethovenplatz zeigt sich, wie schwer es oft ist, kommunalpolitische Entscheidungen zu treffen. Der Platz zählt zu den beliebtesten Parkplätzen in Saarbrücken, ist verkehrsgünstig gelegen und bei Autofahrern beliebt, die nicht gerne in Hoch- oder Tiefgaragen einfahren.
Nun war der Beethovenplatz ursprünglich allerdings als Grünanlage geplant. Als solche würde er das Stadtbild an dieser Stelle sehr bereichern. Doch auch die Betreiber der umliegenden Geschäfte und Büros wollen den Parkplatz unbedingt erhalten. So streitet man seit Jahrzehnten, und keiner weiß eine überzeugende Lösung.

Beethovenplatz

Sulzbachstraße 20
66111 Saarbrücken

Beethovenplatz

58 Protestantische Demonstration

Johanneskirche

Cecilienstraße 2
66111 Saarbrücken
Tel.: 0162 4154555
www.ev-stjohann.de

Die evangelische Johanneskirche in St. Johann ist ein neugotischer Sandsteinbau. Fertiggestellt wurde er im Jahr 1898. Auffallend ist zunächst der 74 Meter hohe Turm. Er bildet ein Gegengewicht zum diagonal gegenüberstehenden Rathausturm. Die Auftraggeber waren engagierte Protestanten, die ein „Bündnis von Thron und Altar" demonstrieren wollten. Neben dem Eingangstor stehen die lebensgroßen Skulpturen von Johannes dem Täufer sowie des Arnulf von Metz, der in Saarbrücken prägende Erinnerungen hinterlassen hat. Die Kirche wird heute für Gottesdienste und kulturelle Veranstaltungen genutzt.

Johanneskirche

Der letzte Scharfrichter

59

Geht man außen um die Basilika St. Johann herum, so findet man am vierten Pfeiler der linken Außenwand eine Grabplatte, die auf die letzte Ruhestätte des Scharfrichters Nikolaus Rehn hinweist. Die Inschrift auf der Grabplatte lautet: „Sanft ruhet hier Johann Nikolaus REHN Scharfrichter Anno 1772." Geboren 1712, war Rehn der letzte Scharfrichter in St. Johann. Scharfrichter galt im Mittelalter als zwar notwendiger, aber unehrenhafter Beruf, und ein Angehöriger dieses Berufes durfte nicht auf einem geweihten Friedhof bestattet werden. Nikolaus Rehn fand dennoch einen würdigen Bestattungsort.

Grabplatte „Nikolaus Rehn"
Basilika St. Johann
Katholisches Pfarramt

St. Johann 25
66111 Saarbrücken
Tel.: 0681 32964
www.pfarrei-st-johann.de

Grabplatte des Scharfrichters Nikolaus Rehn

Widerstand gegen das NS-Regime

Willi-Graf-Gedenkjahr 2018

www.saarbuecken.de/willigraf

Grab von Willi Graf

Friedhof St. Johann
Am Bruchhübel 1
66123 Saarbrücken
Tel.: 0681 9054351

Auf dem Alten Friedhof in St. Johann befindet sich das **Grab eines Helden und Märtyrers der Nazizeit: Willi Graf (1918–1944)**. Mit vier Jahren zog er mit seinen Eltern nach Saarbrücken, wurde Messdiener in der Basilika St. Johann und besuchte das humanistische Ludwigsgymnasium. Später ging er zum Medizinstudium nach München und wurde dort zu einem der führenden Köpfe der studentischen Widerstandsgruppe „Weiße Rose". Vom sogenannten Volksgerichtshof zum Tode verurteilt, wurde er im Oktober 1944 durch das Fallbeil hingerichtet. Die Stadt Saarbrücken ernannte ihn 2003 posthum zum Ehrenbürger.

Ehrengrabmal für Willi Graf

61

Wo man sich trifft

Der St. Johanner Markt ist ein Zentrum des gesellschaftlichen Lebens in Saarbrücken. Um ihn gruppieren sich Gaststätten, Geschäfte und ein Museum; nur wenige Schritte sind es zur barocken Basilika, nicht weit ist es zum Rathaus, zur belebten Bahnhofstraße oder den Saaranlagen. Hier geht man einkaufen, trifft sich oder lässt sich bei gutem Wetter in einem der Straßencafés von der Sonne bescheinen. Sein heutiges Erscheinungsbild verdankt der in seiner Geschichte mehrfach umgestaltete Marktplatz vor allem den Plänen des Baumeisters Friedrich Joachim Stengel. Seit 1978 ist er Fußgängerzone.

Sankt-Johanner-Markt

66111 Saarbrücken

St. Johanner Markt

62 Idyll auf belebtem Platz

Sankt-Johanner-Marktbrunnen

St. Johanner Markt
66111 Saarbrücken

Der St. Johanner Marktbrunnen ist das Wahrzeichen des Saarbrücker Stadtteils St. Johann, der auch gerne als „City" bezeichnet wird. Der Brunnen wurde 1759/60 als Ergebnis eines Wettbewerbs nach Entwürfen errichtet, an denen auch der große Baumeister Stengel mitgewirkt hat. Wegen zentraler Verkehrsplanungen wurde der Marktbrunnen mehrfach umgesetzt. Heute befindet er sich wieder an seinem ursprünglichen Platz. Er ist ein barockes Kleinod, bestehend aus einem Obelisken im Mittelteil und vier abgerundeten Außenbecken. Mehrfach wurde der Brunnen saniert.

Marktbrunnen in Sankt Johann

Gasthaus mit Tradition

63

Die in der Nähe des St. Johanner Marktes gelegene Gaststätte „Zum Stiefel" hat eine lange Tradition. Beliebt ist sie, weil sie die einzige Saarbrücker Braugaststätte ist und das naturtrübe Bruch-Zwickel-Bier ausschenkt, aber auch weil dort saarländische Spezialitäten wie Lyonerpfanne oder „Gefillde" auf der Karte zu finden sind. Der „Stiefel" ist das älteste noch bestehende Gasthaus in Saarbrücken. Es wurde 1702 von dem Bierbrauer Thomas Bruch gegründet. Der heiratete die Tochter seines Nachbarn, der eine Schusterei betrieb. Die Häuser wurden vereint und das Gasthaus erhielt passend den Namen und das Symbol „Zum Stiefel".

Gasthaus zum Stiefel

Am Stiefel 2
66111 Saarbrücken
Tel.: 0681 936450
www.der-stiefel.de

Gasthaus zum Stiefel

64 Das Leibgericht

Durch Umfragen und Marktanalysen ist es bewiesen: **Die beliebteste Einzelspeise der Saarbrücker ist die Lyonerwurst, das liebste Gericht sind die „Gefillde".** Der Name rührt daher, dass es sich um mit Hackfleisch und Leberwurst gefüllte Klöße handelt. Der Kloßteig besteht je zur Hälfte aus Kartoffel- und Semmelmehl. Besonders wichtig dabei ist die aus Bratensoße, gewürfeltem Katenrauchschinken, Olivenöl und saurer Sahne hergestellte sehr schmackhafte Soße. Dazu wird Sauerkraut serviert. Wer einmal „Gefillde" gegessen hat, wird sicher bald wieder danach verlangen.

„Gefillde" – Leibspeise der Saarbrücker

Nostalgie und hohe Braukunst

65

Sie ist die älteste Firma in Saarbrücken, die zweitälteste im Saarland und die älteste noch bestehende Brauerei im Südwesten Deutschlands. Die 1702 von dem Braumeister Johann Daniel Bruch gegründete Bierbrauerei wird inzwischen von der achten Familiengeneration fortgeführt. Im August eines jeden Jahres feiert sie auf ihrem Werksgelände ein beliebtes Sommerfest, das im Jahr 1976 vom damaligen Bundeskanzler Helmut Schmidt persönlich eröffnet wurde. Der Name Bruch steht heute für Spezialbiere wie das naturtrübe „Zwickel", ein „Fastenbier" und ein „Festbock" sowie für drei beliebte lokaltypische Gaststätten.

Brauerei Bruch

Scheidter
Straße 26–42
66123 Saarbrücken
Tel.: 0681 936360
www.bruchbier.de

Brauerei Bruch

66 Kulinarischer Treffpunkt

Albrechts Casino am Staden

Bismarckstraße 47
66121 Saarbrücken
Tel.: 0681 62364
www.albrechts-casino.de

Treffpunkt von Rotariern, Lions, Schlaraffen, Wirtschafts- und Kulturvereinigungen, Geschäftspartnern und anderen ist das 1792 von renommierten Saarbrückern gegründete „Casino" in der Bismarckstraße. Die Speisekarte enthält nicht sehr viele, dafür aber sehr wohlschmeckende Angebote. Der Weinkeller des Hauses ist legendär. Mehrere unterschiedlich große Räume stehen zur Verfügung. Bei schönem Wetter kann auch die Terrassenanlage im Freien genutzt werden. Das Casino führt auch eigene Veranstaltungen durch, organisiert kulturhistorische Führungen durch das Saarland und fördert junge Künstler.

Albrechts Casino am Staden

Drei Sterne zum Essen

67

Die original saarländische Küche gilt als einfach und deftig. Doch dem Saarbrücker Koch Klaus Erfort gelingt es seit 2008 ununterbrochen, mit den begehrten drei Michelin-Sternen ausgezeichnet zu werden. Damit gehört er zu den 12 Spitzenköchen in Deutschland. Im ehemaligen Gästehaus der saarländischen Bergwerksdirektion in der Mainzer Straße 95 betreibt er das Gästehaus Erfort. Die weiße Villa bietet ein ansprechendes Ambiente. Die aktuell zubereiteten, raffinierten und kreativen Gerichte können über das Internet abgefragt werden. Auserlesene Weine und Champagner runden das Angebot ab.

Gästehaus Klaus Erfort

Mainzer Straße 95
66121 Saarbrücken
Tel.: 0681 9582682
www.gaestehaus-erfort.de

Gästehaus Erfort

68 Dreimal Kaffeegenuss

Café Steigleiter

Arndtstraße 29
66121 Saarbrücken
Tel.: 0681 62855

Kaiserstraße 76
66133 Saarbrücken
Tel.: 0681 8919636

Saargemünder-
straße 177
66130 Saarbrücken
Tel.: 0681 871238

Gleich an drei Orten in Saarbrücken, in St. Johann, Scheidt und Güdingen, bietet das Café Steigleiter hochklassige Back- und Konditoreiwaren an. Die Brote, Torten, Kaffeeteilchen, Plätzchen oder selbstgefertigten Pralinen sind beachtenswerte Beiträge zur europäischen Kaffeehauskultur. Gemütliche Stuben laden zum Verweilen ein. Von Montag bis Freitag gibt es auch ein wechselndes Tagesmenü und darüber hinaus einige Gerichte, die je nach Saison auf die Karte gesetzt oder von den Kellnern oder Kellnerinnen empfohlen werden. Gerne trifft man sich bei Steigleiter auch zu einem respektablen Frühstück.

Café Steigleiter – gepflegte Kaffeehauskultur

Rund um die Wurst

69

Lyonerring

66121 Saarbrücken

Straßen werden in der Regel nach bedeutenden Persönlichkeiten, Lebewesen, Ortslagen oder historischen Ereignissen benannt. In Saarbrücken ist nicht nur eine Straße, sondern ein ganzer Straßenring dem Namen einer Wurst gewidmet: der „Lyonerring" im Ostteil von St. Johann. „Der Lyoner" ist eine Brüh- bzw. Fleischwurst. Bei einer Umfrage haben 81 Prozent der Saarländer „ihn" als ihre beliebteste Speise bezeichnet. Ähnliche Würste gibt es auch anderswo, aber Kenner schmecken die „saarländische Lyonerwurst" sofort heraus. Schließlich wurde sie auch unter dieser Bezeichnung als regionale Marke geschützt.

Der Lyonerring – eine Wurst wird geehrt

70 Herr der (Lyoner-) Ringe

Schröder Fleischwarenfabrik GmbH & Co. KG

Straße des 13. Januar 26-30
66121 Saarbrücken
Tel.: 681 99660
www.schroeder-fleischwaren.de

Einer der bekanntesten Hersteller von saarländischer „Lyonerwurst" ist die Saarbrücker Firma Schröder. Sie wurde 1865 von einem Metzger gegründet und von dessen Familie bis heute weitergeführt. Mit 500 Mitarbeitern, 29 Filialen und einem französischen Tochterunternehmen zählt sie heute zu den größten Fleischfabriken Deutschlands. Die Firma stellt insgesamt 3.200 verschiedene Artikel her. Dazu gehören **saarländische Spezialitäten wie „Gefillde" oder „Boudin"**. Schröder nutzt alle Wege der Vermarktung, wie Direktverkauf und Frischdienst, und exportiert seine Ware unter anderem nach Frankreich, Luxemburg und Spanien.

Fleischwerke Schröder

Kein Wunsch bleibt offen

71

Im Gelände des ehemaligen Saarbrücker Schlachthofs haben die Fleischwerke Schwamm allen Zentralisierungen, Monopolisierungen und Globalisierungen getrotzt. Die 1920 gegründete, familiengeführte Firma gehört heute zu den bedeutendsten Fleisch- und Wurstfabriken in Deutschland. Grundlage dafür ist einerseits ein umfangreiches Angebot von Fleisch- und Wurstwaren, Wild- und Geflügelspezialitäten sowie saarländischen Regionalgerichten, andererseits ein vielfältiges und hoch effektives Vertriebssystem. Schwamm wirbt mit eingetragenen exklusiven Marken und beliefert damit den gesamten europäischen Markt.

Schwamm & Cie mbH

Bismarckstraße 144-154
66121 Saarbrücken
Tel.: 0681 66800
www.schwamm.com

Fleischfabrik Schwamm

72 Drähte für die Welt

Saarstahl Werk Burbach

Hüttenstraße 5
66115 Saarbrücken
Tel.: 06898 100
www.saarstahl.com

Saarbrücken-Burbach ist einer der drei Hauptstandorte der Saarstahl AG. Diese ist aus dem Zusammenschluss mehrerer Eisenhütten entstanden, die Mitte des vergangenen Jahrhunderts im Saarland noch 45.000 Arbeitnehmer beschäftigten. Die ehemalige „Burbacher Hütte" gehörte früher zum Luxemburger Arbed-Konzern, betrieb acht Hochöfen und beschäftigte bis zu 5.100 Arbeitnehmer. Inzwischen sind es immerhin noch 700. **Heute ist das Burbacher Werk auf die Herstellung von Drähten spezialisiert.** Die werden in einem hochtechnisierten Walzwerk auf dem ehemaligen Hüttengelände produziert und weltweit exportiert.

Saarstahl AG – Drähte für die Welt

Stolze Fußball-Tradition

73

Er war der Stolz der Saarbrücker und soll es wieder werden. Der 1903 als Fußballabteilung des Turnvereins 1876 Malstatt gegründete 1. Fußballclub Saarbrücken erlebte eine wechselvolle Geschichte. 1943 und 1952 war er deutscher Vizemeister. Er war die erste deutsche Mannschaft, die Real Madrid besiegte. Der ehemalige FIFA-Präsident Rimet bezeichnete ihn als „interessanteste Fußballmannschaft Europas". 1963 gehörte er zu den Initiatoren der Fußball-Bundesliga. Seitdem erlebte er ein Auf und Ab zwischen der ersten und fünften Spielklasse. Viele Saarbrücker arbeiten daran, dass seine Bedeutung wieder zunimmt.

1. FC Saarbrücken e.V.

Berliner Promenade 12
66111 Saarbrücken
Tel.: 0681 971440
www.fc-saarbruecken.de

Ludwigsparkstadion – Spielfeld des 1. FC Saarbrücken

74 Kunst ohne Grenzen

KuBa, Kulturzentrum am EuroBahnhof e. V.

Europaallee 25
66113 Saarbrücken
Tel.: 0681 9591200
www.kuba-sb.de

KuBa, das Kulturzentrum am Eurobahnhof, bietet Künstlern und Kulturschaffenden Ateliers und stellt Räume für Ausstellungen, künstlerische Projekte und Veranstaltungen zur Verfügung. Das Kulturzentrum wurde 2007 in dem nördlich des Hauptbahnhofs gelegenen ehemaligen Schulungs- und Kantinengebäude der Deutschen Bahn AG eröffnet und ist zu einem erfolgreichen Kulturstandort in der Landeshauptstadt geworden. Als Plattform für unterschiedlichste, auch experimentelle Kunst- und Kultursparten ist es eine **Begegnungsstätte und Treffpunkt für Kunstinteressierte und Künstler aus allen Bereichen**.

KuBa – Kulturzentrum am Eurobahnhof

Zentrum für Waldkultur

75

Im Waldgebiet nördlich von Saarbrücken, wo schon im 12. Jahrhundert die Saarbrücker Grafen eine Waldburg hatten errichten lassen, ließ Graf Philipp III. von Nassau-Saarbrücken im Jahr 1576 das Jagdschloss Philippsborn erbauen. Es erlebte eine wechselvolle Geschichte und wurde mehrfach zerstört. Später entstand dort eine neue Anlage, die seit 1950 „Forsthaus Neuhaus" genannt wird und bis 1991 als Sitz der örtlichen Forstverwaltung diente. Heute ist es ein beliebtes Ziel für Ausflügler und Wanderer und beherbergt eine als „Zentrum für Waldkultur" bezeichnete Veranstaltungs- und Fortbildungsstätte.

Forsthaus Neuhaus

66115 Saarbrücken
Tel.: 0681 9515300
www.forsthausneuhaus.de

Forsthaus Neuhaus

76 Komm mit in den Urwald

Der Urwald vor den Toren der Stadt
SaarForst Landesbetrieb (SFL) in Zusammenarbeit mit Ministerium für Umwelt und Verbraucherschutz (MUV) und Naturschutzbund Saarland (NABU) e.V.

www.saar-urwald.de

Im Norden von Saarbrücken befindet sich ein etwa 1.000 Hektar großes Gelände, das als „Urwald" ausgewiesen worden ist. Hier soll sich der Wald ohne menschliche Eingriffe entwickeln können. Die Natur bleibt sich selbst überlassen, wird aber von den Stellen, die für das Projekt verantwortlich sind, unterstützt und begleitet. Wanderwege durch das Gelände ermöglichen es der Bevölkerung, das Werden und Vergehen im unberührten Wald zu beobachten. Die Verantwortlichen bieten **ein umfangreiches Programm von naturkundlichen Führungen, Wanderungen, Kinderfreizeiten und geselligen Veranstaltungen** an.

Urwald-Wegweiser – Hilfe durchs Gehölz

77

Fürstin und Literatin

In der Stiftskirche St. Arnual befindet sich das Grab der Gräfin Elisabeth von Lothringen (nach 1343–1456). Sie war eine der großen Frauengestalten in der Geschichte Saarbrückens. Bedeutung erlangte sie u.a. als Übersetzerin von vier französischen höfischen Romanen, was sie zur Wegbereiterin für den neuhochdeutschen Prosaroman machte.
Elisabeth, Tochter eines lothringischen Grafen, heiratete 1412 den Grafen Philipp I. von Nassau-Saarbrücken. Nach dessen Tod übernahm sie die Regentschaft für ihre minderjährigen Söhne. Auf einem Felsmassiv ließ sie eine Burg bauen, an deren Stelle später das Saarbrücker Schloss errichtet wurde.

Grab der Elisabeth von Lothringen
Stiftskirche St. Arnual

St. Arnualer Markt
66119 Saarbrücken
Tel.: 0681 9850505
www.saarbruecken.de/tourismus/sehenswertes/sehenswuerdigkeiten/stiftskirche_st_arnual

Grab der Elisabeth von Lothringen

78 Dorf in der Stadt

St. Arnualer Markt

66119 Saarbrücken

Lothringer Häuser schmücken den Markt des Saarbrücker Stadtteils St. Arnual. Er liegt wenige Meter entfernt von der Stiftskirche und dient vor allem Volks- und Stadtteilfesten. **Jeden Donnerstag findet hier ein beliebter Frischemarkt statt.**

Im Gebiet des heutigen Marktplatzes siedelten einst keltische Mediomatriker. Später befand sich dort eine gallorömische Siedlung und seit etwa dem 6. Jahrhundert ein fränkisches Dorf mit dem Namen Merkingen. Um 600 soll der fränkische König Theudebert II. das Gebiet an den Karolinger-Stammvater Arnulf (Arnual) geschenkt haben, dessen Namen die Gemeinde bis heute trägt.

St. Arnualer Markt – seit der Antike besiedelt

Unter der Linde

79

Für diejenigen Saarbrücker, die gerne gemütlich essen gehen wollen, ist das Gasthaus „Unter der Linde" am St. Arnualer Markt ein beliebtes Ziel. Hier kann man bei gutem Wetter auch vor dem Restaurant auf dem Marktplatz sitzen. Die „Linde" befindet sich in einem Gebäude, das im Lothringer Bauernhausstil errichtet wurde. Das allein löst schon bei vielen Saarbrückern ein Wohlgefühl aus. In früheren Zeiten waren sie es gewohnt, zu gutem Essen ins benachbarte Lothringen zu fahren. Inzwischen können sie ihrer Maxime „Hauptsach gudd gess" auch in Gaststätten wie der „Linde" huldigen.

Unter der Linde

St. Arnualer Markt 8
66119 Saarbrücken
Tel.: 0681 95906699
www.linde1933.de

Wirtshaus „Unter der Linde"

Prinzlicher Kanonendonner

Lulustein

Lulustein
66117 Saarbrücken

Als der Deutsch-Französische Krieg von 1870/71 ausbrach, reiste der französische Kaiser Napoleon III. an die Front bei Saarbrücken und nahm seinen damals 14-jährigen Sohn „Lulu“ mit. Der sollte sich frühzeitig mit der Kriegsführung vertraut machen. Von der Anhöhe „Bellevue“ aus durfte er **einen Kanonenschuss auf die unterhalb gelegene Saarbrücker Innenstadt** abfeuern. Es hieß, dass er darauf sehr stolz gewesen sei. Anderen Berichten zufolge hat er sich dabei in die Hosen gemacht. Die Kanonenkugel jedoch soll eindeutig nach vorne losgegangen sein. An besagter Stelle wurde der „Lulustein“ aufgestellt.

Der Lulustein

81

Anspruchsvolle Gastlichkeit

Unmittelbar am Deutsch-Französischen Garten, neben dem Saarbrücker Spielcasino und sehr nah beim Erlebnisbad Calypso, liegt das Victor's Residenz-Hotel. Das Vier-Sterne-Haus ist beliebt für Tagungen und private Veranstaltungen und als Quartier für die Besucher der benachbarten Einrichtungen. Das „Victor's" wird gerne auch von französischen Gästen aufgesucht. Es ist zugleich das Stammhaus einer Hotelkette, zu der weitere 12 Nobelherbergen in Deutschland gehören, darunter das im Saar-Lor-Lux-Raum sehr bekannte Fünf-Sterne-Hotel „Schloss Berg" in der Nähe der saarländisch-luxemburgischen Grenze.

Victor's Residenz-Hotel Saarbrücken

Deutschmühlental 19
66117 Saarbrücken
Tel.: 681 588210
www.victors.de/de/hotels/saarbruecken

Victor's Residenz-Hotel

Grenzübergang mit Ginster

Goldene Bremm

66117 Saarbrücken

Hier beginnt Frankreich und endet Saarbrücken. Die Grenzstation „Goldene Bremm" erinnert an viele Ereignisse im deutsch-französischen Verhältnis. Hier fanden im Deutsch-Französischen Krieg von 1870/71 und im Zweiten Weltkrieg heftige Kämpfe statt, hier wurde aber auch immer wieder für die deutsch-französische Verständigung und die europäische Einigung demonstriert. Dabei wurden auch Grenzpfähle niedergerissen. **Seinen Namen hat der Ort von dem goldgelb blühenden Ginster**, der dort einmal üppig gewachsen ist und mundartlich „Bremm" genannt wird. Der Grenzübergang wurde früher streng kontrolliert.

Goldene Bremm – Verbindung zwischen Freunden

Wohlgefühl statt Krieg

83

Auf der Spicherer Höhe, die am 6. August 1870 von preußischen Soldaten verlustreich erstürmt wurde, steht seit 1897 das Landgasthaus Woll. Dort findet heute, bei gutem Wetter auch im Freien unter Kastanienbäumen, deutsch-französische Verständigung im Kleinen statt.
Das Restaurant ist sehr beliebt. Lothringische Küche, ein freier Blick auf das ehemalige Schlachtfeld, die Stadt Saarbrücken und das Saartal sowie eine waldreiche Umgebung mit Kriegsgedenkstätten und Spazier- und Wanderwegen locken von weit her Gäste an. In der Gaststätte spielt auch eine Szene in Florian Russis Roman „Papier gegen Kälte".

Restaurant Woll

80 Rue des Hauteurs
57350 Spicheren
Frankreich
Tel.: 0033 387853102
www.restaurant-woll.com

Gasthaus Woll in Spichern

84 Ort des Gedenkens

Ehrenfriedhof im Deutsch-Französischen Garten

Deutschmühlental
66117 Saarbrücken

Ein besonderer Ort der Besinnung befindet sich im Gelände des Deutsch-Französischen Gartens, unmittelbar unterhalb der Spicherer Höhen. Hier liegen auf engem Raum die Gräber von bedeutenden Saarbrücker Bürgerinnen und Bürgern sowie von Soldaten, die während der Schlacht von Spichern am 6. August 1870 ihr Leben verloren. Den Toten der Spicherer Schlacht wurden mehrere Denkmäler gesetzt. Die meist kunstvoll gestalteten Gräber bergen Gefallene beider am Krieg beteiligten Nationen, darunter die sterblichen Überreste des Befehlshabers der preußischen Truppen, Generalmajor Bruno von François.

Ehrenfriedhof im Deutsch-Französischen Garten

Grab der „Schultze Kathrin"

85

Im Gedächtnis der Saarbrücker ist sie die eigentliche Heldin der Schlacht von Spichern am 6. August 1870. Katharine Weißgerber arbeitete als Hausangestellte bei einer Saarbrücker Familie mit Namen Schultz. Als zu Beginn des Deutsch-Französischen Krieges von 1870/71 französische Truppen in Saarbrücken einfielen, umsorgte sie einen Schwerverwundeten und vermittelte ihm priesterlichen Beistand. Als dann die Schlacht von Spichern begann, eilte sie mitten unter die Kämpfenden und versorgte Verwundete, Preußen wie Franzosen. Ihr Grab auf dem Saarbrücker Ehrenfriedhof ist immer mit Blumen geschmückt.

Grab von Katharine Weißgerber

auf dem Ehrenfriedhof im DFG
Deutschmühlental
66117 Saarbrücken

Grab der Katharine Weissgerber auf dem Ehrenfriedhof

Verschwendetes Volksvermögen

Westwallbunker im DFG

Deutschmühlental
66117 Saarbrücken

Als Hitler den Krieg vorbereitete, der dann zum Zweiten Weltkrieg wurde, ließ er zwischen 1936 und 1938 an den Westgrenzen des Deutschen Reichs den sogenannten Westwall errichten. Saarbrücken liegt unmittelbar an der deutsch-französischen Grenze und wurde in dieses Befestigungssystem einbezogen. **Der Westwall bestand aus insgesamt 18.000 Bunkern und vielen Stollen, Gräben und Panzersperren.** Die Kosten waren immens. Es wurden unter anderem 17,3 Millionen Tonnen Beton verarbeitet.
Bis heute sind viele der alten Wehranlagen erhalten, so auch ein Bunker am Rand des Deutsch-Französischen Gartens.

Westwall-Bunker – Zeuge der Vergangenheit

Größter Arbeitgeber

87

Die ZF-AG gehört weltweit zu den bedeutendsten Autozulieferern und beschäftigt in Saarbrücken über 9.000 Arbeitnehmer. Damit ist sie der größte Arbeitgeber im Saarland. Die Firma aus Friedrichshafen am Bodensee war früher als Hersteller von Zeppelin-Flugzeugen bekannt. Heute ist sie ein führender Produzent von Antriebs-, Fahrwerk- und Sicherheitstechnik. In modernsten Fertigungsanlagen werden in Saarbrücken Automatikgetriebe hergestellt und in alle Welt exportiert. Durch den Wegfall der Kohle- und Stahlindustrie im Saarland waren viele Techniker arbeitslos geworden. Diese Situation nutzte ZF, um gute Fachkräfte zu gewinnen.

ZF Friedrichshafen AG

Südring
66117 Saarbrücken
Tel.: 0681 9200
www.zf.com

ZF-Standort Saarbrücken

Das besondere Öl

L'Arganier im Handelshof

Wilhelm-Heinrich-Straße 17
66117 Saarbrücken
Tel.: 0681 56920
www.larganier.de

Französische Küche mit marokkanischem Einschlag bietet das Restaurant L'Arganier im alteingesessenen Handelshof am Neumarkt. Das Eckhaus liegt im Ensemble der Stengelschen Barockbauten. Es bietet ein hübsches Ambiente und eine hervorragende Küche und ist auch im berühmten „Guide Michelin" empfohlen. An Werktagen empfiehlt es sich, im Restaurant das preiswerte Menü zu bestellen.

Seinen Namen hat das Restaurant von den Arganbäumen, die ausschließlich noch im Südwesten Marokkos wachsen. Das Öl und seine Kultivierung sind von der UNESCO zum „Immateriellen Kulturerbe der Menschheit" erklärt worden.

L'Arganier im Handelshof

89

Butterkuchen bei Lolo

Das Café Lolo in Alt-Saarbrücken beruft sich auf die lange Tradition europäischer Caféhäuser, die 1667 in Venedig begann und später in Wien zu einem Höhepunkt gelangte. Das „Lolo" gehört zu den ersten Caféhaus-Adressen Saarbrückens. Lolo, die Gründerin, war bekannt für ihre Butterkuchen und beliebt bei den Saarbrückern, die sich zum Frühstück bei ihr verabredeten. Der Ehrgeiz des heutigen Besitzers ist darauf gerichtet, feinste Kuchen und Torten zu backen. Bei einem Besuch im Sommer 2017 zählten wir 34 verschiedene Kuchensorten, vom Zwetschgen- über einen Krokant-Kuchen bis zur Käsesahnetorte.

Café Lolo GmbH

Heuduckstraße 67
66117 Saarbrücken
Tel.: 0681 51828
www.cafe-lolo.de

Café Lolo – süße Verlockungen

Treffpunkt im „größten Dorf Europas"

Bürgerhaus Dudweiler

Am Markt 115
66125 Saarbrücken
Tel.: 0681 9052281
www.dudweiler-blog.de/tag/buergerhaus-dudweiler

Der 1974 nach Saarbrücken eingemeindete Ort **Dudweiler galt bis dahin als das größte Dorf Europas** und verfügte als Standort von zwei Kohlegruben über ein bergmännisch geprägtes Selbstbewusstsein. Das manifestiert sich noch im dortigen Bürgerhaus, das mehr als ein Haus, nämlich eine große Anlage mit Tiefgarage, Büros, Geschäften, Restaurants, großer Festhalle und vielen Tagungsräumen ist. Hier finden Veranstaltungen statt, werden Feste gefeiert und Seminare durchgeführt. So sorgt das Bürgerhaus dafür, dass der schon von Goethe in „Dichtung und Wahrheit" genannte Ort seine Rolle als Treffpunkt behält.

Bürgerhaus Dudweiler

De Monn mit da long Stong

91

De Monn mit da long Stong

Am Markt
66125 Dudweiler
(Saarbrücken)

Bis in die zweite Hälfte des vergangenen Jahrhunderts waren in dem heutigen Saarbrücker Stadtteil Dudweiler noch mit Gas betriebene Straßenlaternen in Gebrauch. Angezündet wurden sie jeden Abend mit Hilfe von langen Stangen, an deren Spitze sich ein Haken befand, um die Schalter in den Laternen zu bedienen. Wer zu denen gehörte, die dieser Tätigkeit nachgingen, wurde mundartlich als „De Monn mit da long Stong" (Der Mann mit der langen Stange) bezeichnet. An diese Tradition, aber auch die Eigenart des Ortes und seines Dialekts, erinnern Skulpturen von Zoltan Hencze auf dem Alten Markt in Dudweiler.

„Es werde Licht" – De Monn mit da long Stong

92

Prüfen und Verbessern

Fraunhofer-Institut für Zerstörungsfreie Prüfverfahren

Campus E3 1
66123 Saarbrücken
Tel.: 0681 93020
www.izfp.fraunhofer.de

Im Campus der Saarbrücker Universität ist das Fraunhofer Institut für Zerstörungsfreie Prüfverfahren (IZFP) angesiedelt. Es ist eine Einrichtung für angewandte Forschungs- und Entwicklungsdienstleistungen in der Werkstoff- und Verfahrenstechnik. Sie kooperiert mit dem Lehrstuhl für Zerstörungsfreie Materialprüfung und Qualitätssicherung an der Saarbrücker Universität sowie dem Deutschen Forschungszentrum für Künstliche Intelligenz in Saarbrücken. 2008 wurde sie von der Initiative „Deutschland – Land der Ideen" ausgezeichnet. Wichtigstes Ziel ist die Verbesserung der Qualität von Werkstoffen.

Fraunhofer Institut

Software-Spezialist von Weltrang

93

Ein Beispiel dafür, wie aus wissenschaftlichen Forschungsprojekten neue Gewerbe entstehen können, ist das Software-Beratungsunternehmen Scheer auf dem Gelände der Saarbrücker Universität. Sein Gründer, Professor August Wilhelm Scheer, leitete dort das Institut für Wirtschaftsinformatik und rief 1984 als dessen Ableger (Spin-off) die Firma IDS Scheer ins Leben, die zu einem international bedeutenden Unternehmen und 2010 von der Firma Software AG übernommen wurde. In Saarbrücken geblieben ist die Scheer-GmbH mit etwa 300 Mitarbeitern. Sie ist spezialisiert auf Prozessmanagement- und SAP-Beratung.

Scheer GmbH
Hauptsitz

Uni-Campus Nord
66123 Saarbrücken
Tel.: 0681 967770
www.scheer-group.com

Beratungs- und Softwarehaus Scheer

Sportschule Hermann Neuberger

Hermann-Neuberger-Sportschule

66123 Saarbrücken
Tel.: 0681 38790
www.lsvs.de

Nach dem langjährigen Präsidenten des Deutschen Fußballbundes und FIFA-Vizepräsidenten, der in Saarbrücken beheimatet war, ist die Sportschule des Saarlandes benannt. Sie liegt im Saarbrücker Stadtwald in Nachbarschaft zur Universität und kann von Gruppen und Einzelpersonen gebucht werden. **Die Schule ist zugleich Olympiastützpunkt für das Saarland und Rheinland-Pfalz** und beherbergt das renommierte Institut für Sport- und Präventivmedizin der Saarbrücker Universität. Sie ist mit modernen Trainingshallen, Sportplätzen und einem Schwimmbad ausgestattet und bildet ein geachtetes Zentrum der Sportförderung.

Olympiastützpunkt Hermann-Neuberger-Sportschule

Platz zum Grillen

95

Grillen gehört zu den Lieblingsbeschäftigungen der Saarbrücker und ist in der Regel Männersache. Gegrillt wird nicht nur der beliebte Schwenkbraten, sondern alles, was sich dazu eignet und anschließend gut schmeckt. Dazu gehören neben Bratenfleisch vor allem Lyoner, Boudin und Speck, aber auch Kartoffeln, Gemüse oder Brot. Beim Grillen und Schwenken kommt es auf den würzigen bzw. rauchigen Geschmack des gegrillten Guts an. Saarbrücken trägt dem Bedürfnis seiner Bürger Rechnung. Mehrere offizielle Grillplätze laden zum Feiern ein, so auch jener in der Nähe von Wildpark, Sporthochschule und Universität.

Grillstellen Landeshauptstadt Saarbrücken
Städtische Forstabteilung, Amt für Stadtgrün und Friedhöfe

Meerwiesertalweg 140
66123 Saarbrücken
Tel.: 0681 9052311
http://www.saarbruecken.de/leben_in_saarbruecken

Grillplatz im St. Johanner Wald

Ein Lustschloss als Verwaltungssitz

Schloss Halberg

Franz-Mai-Straße
66121 Saarbrücken

Einer der Hügel, welche die Saarbrücker Innenstadt umgeben, trägt den Namen Halberg. Auf ihm ließ 1709 bis 1711 Graf Ludwig Kraft von Nassau-Saarbrücken ein Lustschlösschen errichten. Es wurde später ausgebaut und diente viele Jahre der von ihrem Ehemann Graf Ludwig vernachlässigten Gräfin Wilhelmine von Schwarzburg-Rudolstadt als Wohn- und Aufenthaltsort. Im Jahr 1877 kaufte der Industrielle Carl Ferdinand Stumm das Anwesen und errichtete dort ein Schloss im Stil des Historismus. Heute befinden sich auf dem Halberg die Gebäude des Saarländischen Rundfunks. Das Schloss ist Dienstsitz des Intendanten.

Schloss Halberg – Kleinod im Stil des Historismus

Der gute Mottel

97

Folgt man dem Rundweg „Historischer Halberg“ durch den Wald, so stößt man bald nach dem Mithras-Heiligtum aus der Römerzeit auf einen recht unscheinbaren Sandsteinblock mit stark verwitterter Inschrift, gewidmet einem jungen Mann, der offenbar unterhalb dieser Stelle in der Saar ertrank. Es ist nicht viel bekannt über Model Marx Cahen, genannt „der gute Mottel“. Laut Sterbeurkunde stand er in Diensten des Fuhrunternehmers Johann Hirsch und ertrank im Mai 1810 beim Tränken der Pferde. Doch macht der Stein neugierig. Was genau mag geschehen sein? Eine Sage dazu finden Sie auf www.saarland-lese.de.

Gedenkstein „Der gute Mottel“

www.saarbruecken.de/tourismus/radfahren_und_wandern/wandern/spaziergaenge/halberg_history_tour

Gedenkstein für „den guten Mottel“

Eisen schmelzen hat Tradition

Saint-Gobain PAM Deutschland GmbH

Saarbrücker
Straße 51
66130 Saarbrücken
Tel.: 0681 87010
www.pamline.de

Neue Halberg Guss GmbH

Kirchstraße 16
66130 Saarbrückenn
Tel.: 0681 87050

In Brebach, Stadtteil von Saarbrücken, wird seit 1756 Eisen geschmolzen. Ausgangspunkt war ein Schmelz- und Hammerwerk, das noch auf die Regierungszeit des Grafen Wilhelm-Heinrich von Nassau-Saarbrücken zurückgeht. Das später in „Halberger Hütte" umbenannte Werk hatte eine bewegte Geschichte, bis es im Jahr 1970 unter das Dach des französischen Mischkonzerns Saint Gobain gelangte. Seit 1988 ist die Produktion auf zwei selbständige Firmen aufgeteilt. Die Gesellschaft St. Gobain PAM stellt Rohre und Rohrleitungssysteme her, die „Neue Halberg Guss" Kurbelwellen und Automotorteile aus Gusseisen.

Ehemalige Halberger Hütte – Im Hintergrund die alten Hochöfen

Das Aschenputtel von Saarbrücken

99

Dem Märchen „Aschenputtel" (Cinderella) entlehnt scheint diese Geschichte. Sie entspricht dem beliebten Thema: „Reicher Prinz heiratet armes Mädchen vom Land." In Saarbrücken hat sie sich tatsächlich ereignet. Graf Ludwig von Nassau-Saarbrücken, erfolgreicher Landesfürst und Vollender der nach ihm benannten Ludwigskirche, verliebte sich in die Bauerntochter Katharina Kest. Als Kind hatte sie die Gänse ihres Vaters gehütet und wurde deshalb im Volksmund „Gänseliesel" genannt. Ludwig bekam mit ihr mehrere Kinder. Nach dem Tod seiner ersten Ehefrau heiratete er sie 1787 und ließ sie zur Fürstin ausrufen.

Gänseliesel Katharina Kest

Rita Dadder, geboren in Saarbrücken, studierte an der dortigen Universität und war nach dem Diplom als Psychologin am Sozialpsychologischen Institut der Universität tätig. 1994 zog sie mit ihrem Mann nach Weimar. Von dort aus betreut sie u. a. die Internet-Seite „www.saarland-lese.de".

Florian Russi, geboren in Saarlouis, studierte, lebte und arbeitete viele Jahre in Saarbrücken, bis ihn berufliche Verpflichtungen 1994 nach Weimar zogen, wo er ein Unternehmen leitet. Mehrere Bücher sind von ihm bereits erschienen. Sein 2008 veröffentlichter Roman „Papier gegen Kälte" hat Saarbrücken zum Mittelpunkt.

Der Verlag und die Autoren freuen sich über Ihre Hinweise:
info@mitteldeutscherverlag.de

Fotografien: Rita Dadder und Florian Russi, außer Alonstoter via WikiCommon: S. 133; AnRo0002 via WikiCommons: S. 62 u., 158; Bade-, Sauna- & Wellnessparadies Calypso, vivamar Betriebsgesellschaft Saarbrücken mbH: S. 80; Oliver Dietze: S. 52 u.; Festival PERSPECTIVES: S. 44 u.; Filmfestival Max Ophuels Preis: S. 52 o.; Dirk Guldner: S. 76; JP Estournet: S. 44 o.; René Klingstein: S. 72 o.; Manfred Riehs: S. 23, 40 u., 42 u., 156; Saarlandmuseum, Alte Sammlung: S. 32; Marc Schneider: S. 119; SCN-Airport: S. 101; Andreas Werner: S. 124; www.bildtankstelle.de: S. 62 o.

www.mitteldeutscherverlag.de

Gesamtherstellung: Mitteldeutscher Verlag, Halle (Saale)

ISBN 978-3-96311-040-5

Printed in the EU